AF542738

RÉCLAMATION

PRÉSENTEE

A L'ASSEMBLÉE NATIONALE,

PAR J. H. MORETON,

CONTRE sa destitution arbitraire de la Charge de Colonel du Régiment d'infanterie de la Fere.

RÉCLAMATION

PRÉSENTÉE

A L'ASSEMBLÉE NATIONALE,

PAR J. H. MORETON,

CONTRE sa destitution arbitraire de la Charge de Colonel du Régiment d'infanterie de la Fère.

A PARIS,

DE L'IMPRIMERIE NATIONALE.

1790.

A L'ASSEMBLÉE

A L'ASSEMBLÉE NATIONALE.

MESSIEURS,

C'EST avec la juste confiance qu'inspirent les grands principes que vous avez solemnellement consacrés, qu'un Soldat citoyen vient aujourd'hui invoquer votre justice en faveur d'un Citoyen soldat, victime du despotisme ministériel, & réclamer en présence des Députés de l'Armée & de la Nation entière, contre l'acte d'autorité absolue le plus arbitraire & le plus inique. Oui, Messieurs, je viens dénoncer à votre auguste Tribunal *M. Loménie*, ci-devant *Comte de Brienne*, & Ministre de la Guerre, qui, abusant indignement de l'autorité que lui avoit confiée un Roi toujours bon, toujours juste, mais souvent trompé, s'est rendu, à mon égard, prévaricateur & faussaire.

Il a été prévaricateur, puisqu'agissant contre tout principe, contre tout usage établi, contre toute Ordonnance Militaire, (même contre celle émanée, deux mois auparavant, & signée de lui) il a osé, par une ſimple lettre miniſtérielle, me deſtituer, ſans accuſateur ni accuſation, d'un Régiment que je tenois des bontés du Roi, & que je m'étois efforcé de mériter par plus de vingt ans de ſervices continus, & deux campagnes de guerre ; me dépouiller enfin d'un emploi auquel l'honneur eſt attaché, & que j'occupois en vertu de proviſions ſignées du Roi, & ſcellées du Sceau de l'Etat.

Il s'eſt rendu fauſſaire, puiſqu'il a eu l'audace de faire appoſer la ſignature du Roi, (toujours impaſſible) & de joindre la ſienne au bas du Brevet de mon ſucceſſeur, en y articulant que mon emploi étoit vacant, tandis qu'en effet une place qui a proviſions & finance, une charge enfin, ne peut être légalement vacante que par mort du titulaire, ſon avancement, ſa démiſſion volontaire, ou ſa deſtitution en vertu d'un jugement légal.

C'eſt ce jugement que je n'ai ceſſé de réclamer avec force dès le premier moment, c'eſt même un Conſeil de Guerre que ſous l'ancien régime les Miniſtres compoſoient, à leur gré, d'Officiers-Généraux de leur choix, que l'injuſte prévaricateur que je vous dénonce aujourd'hui, m'a conſtamment refuſé, & que je n'ai pu obtenir depuis. C'eſt en vain qu'après avoir ſolemnellement proteſté contre cet acte de deſpotiſme, j'ai été moi-même dépoſer au Greffe des États du Dauphiné, dont je ſuis originaire, cette même proteſtation ; c'eſt en vain que l'Ordre de la Nobleſſe de cette Province (car à cette époque il exiſtoit encore des Ordres) a écrit au Roi pour réclamer la justice qui m'étoit due : rien n'a pu faire revenir mon injuste persécuteur.

La Nation entière, assemblée dans ses Bailliages, a reçu mes réclamations ; elles ont été accueillies par la majeure partie ; plus de soixante-quinze Bailliages ont inséré dans leurs Cahiers des articles contenant implicitement ou explicitement l'objet de ma demande. Les Assemblées Électorales de Paris en ont fait un article positif de leur Cahier.

Dans cet état de choses, les Représentans de la Nation se sont réunis à Versailles ; & bientôt après, constitués en Assemblée Nationale, ils se sont occupés sans relâche & avec un courage digne de la reconnoissance & du respect de tous les Citoyens de cet Empire, de poser sur les bases de la liberté & de l'égalité, les fondemens inébranlables d'une Constitution qui assure à jamais le bonheur du Peuple François.

Alors s'est opérée cette Révolution mémorable à laquelle tout bon Citoyen s'est empressé de concourir ; alors aussi, oubliant tout pour me vouer à la chose publique, armé comme mes Concitoyens pour la cause de la Liberté, je n'ai cessé depuis de travailler pour elle. Je me serois cru coupable si j'avois essayé d'interrompre un instant vos importans travaux, pour vous occuper de ma cause particulière ; je me contenterois même encore aujourd'hui de jouir de leur succès, de la destruction absolue du despotisme, & je me consolerois de mes malheurs passés, en disant : *Je fus sa dernière victime.*

Mais, puisque les Fondateurs de notre Liberté accueillent avec intérêt toutes les justes réclamations qui leur sont faites, puisque vous ne rejetez pas même celles qui portent sur des injustices précédemment consommées par des espèces de jugemens, puisqu'enfin vous avez écouté les plaintes des Officiers de Royal-Comtois, victimes d'un Conseil de Guerre tenu en 1773; qu'il me soit permis, Messieurs, de réclamer l'effet des principes constitutionnels que vous avez déjà décrétés sur les destitutions militaires, & de vous supplier de considérer que la décision de la cause qui vous est soumise aujourd'hui, se trouve déjà textuellement exprimée par vos Décrets, & que l'application que vous en ferez ne peut être regardée comme un effet rétroactif donné à la Loi, puisque cette affaire n'est pas consommée, mais bien véritablement en instance; puisqu'une seule Lettre ministérielle n'a pu légalement effectuer ma destitution contre laquelle j'ai constamment réclamé dès le premier instant; puisque nombre de Colonels, pénétrés de ce principe, ont refusé authentiquement ma dépouille, que mon persécuteur leur a successivement offerte; puisqu'enfin celui qui commande aujourd'hui le Régiment de la Fère (& je me plais à lui rendre hautement ce témoignage) a déclaré qu'il ne le regardoit que comme un dépôt entre ses mains, & qu'il étoit prêt à me le rendre du moment où j'obtiendrois la justice qui m'est due.

D'après cet exposé, Messieurs, & conformément aux principes que je viens d'invoquer, je conclus en vous suppliant de décréter que *je serai rétabli à la tête du Régiment que je commandois, & dont je ne pouvois être dépouillé que par l'événement du jugement légal* que je n'ai cessé de solliciter, & dans lequel ma conscience ne pourroit trouver qu'un moyen plus éclatant de prouver mon innocence.

Je supplie l'Assemblée Nationale de faire droit sur ma demande avant qu'une promotion, qu'on annonce devoir être une suite de la nouvelle organisation, me mette dans le cas d'être appelé à un grade où la date de mes services me porte, & que ma délicatesse ne me permettra jamais d'accepter, que justice ne me soit préalablement rendue.

Jacques-Henry MORETON.

Nota. M. Moreton ayant écrit à M. le Président de l'Assemblée Nationale pour lui demander d'être admis à la Barre, & sa Lettre ayant été lue à la Séance du 16 Juillet, le Procès-verbal de ce jour porte ce qui suit :

« M. le Président a annoncé une Lettre de M. Jacques-» Henri Moreton, qui demandoit d'être admis à » la Barre pour présenter une pétition dont l'objet » intéresse, dit-il, son état & son honneur. L'As-» semblée Nationale a renvoyé M. Moreton au » Comité Militaire, qui rendra compte incessam-» ment à l'Assemblée de sa réclamation, pour qu'il » y soit statué.

» Collationné à l'original par Nous Secrétaires de » l'Assemblée Nationale. A Paris, le 17 Juillet » 1790. *Signé* Regnaud de Saint-Jean d'Angely, » Pierre de Delley & Populus ».

PIÈCES

Qui constatent toutes les réclamations faites par M. Jacques-Henri Moreton, contre sa destitution arbitraire de la charge de Colonel du Régiment d'infanterie de la Fère, prononcée par une simple Lettre de M. Loménie, ci-devant Comte de Brienne & Ministre de la Guerre, en date du 24 Juin 1788; & la demande qu'il n'a pas cessé de faire pour obtenir d'être jugé conformément à toutes les Ordonnances militaires, & nommément à celle du 17 Mars 1788 sur la hiérarchie militaire (1), & aux Règlemens particuliers concernant le Conseil de la Guerre des 9 & 23 Octobre 1787 (2).

---

(1) Cette Ordonnance, qui est antérieure à la destitution de M. Moreton, est signée du même M. Loménie, alors Ministre, & Président du Conseil de la Guerre; elle s'exprime ainsi: (art. 3. titre 2). « Que comme il est de la justice du Roi de ne jamais » prononcer sans un examen réfléchi, ni une suspension de rang, » ni une exclusion de son service, Sa Majesté déclare que ces » sortes de punitions n'auront lieu que d'après les informations » les plus approfondies, sur les notes des Colonels & Inspecteurs, » lesquelles informations seront prises par un Conseil composé des » Officiers-Généraux de la Division, présidé par le Lieutenant-Général » qui la commande ».

(2) La disposition ci-dessus n'est pas la seule que M. Loménie ait enfrainte à l'égard de M. Moreton. M. de Guibert, Rapporteur du Conseil de la Guerre, mande à M. Moreton, par un

AU ROI,

SIRE,

LE Comte de Moreton ose prendre la respectueuse liberté de réclamer la justice de Votre Majesté, contre le coup d'autorité dont on le menace en son nom.

Lettre de sa propre main en date du 22 Juin 1788, transcrite à la page 30. « Ayant nommément fait lecture au Conseil assemblé de » votre Lettre pour mettre l'affaire sur le tapis, M. le Comte de » Brienne a dit que le Roi s'en étoit réservé la décision, & qu'il » prendroit de nouveau ses ordres à ce sujet, &c. ».

M. Loménie, en éludant ainsi la proposition du Rapporteur du Conseil de la Guerre, avoit déjà oublié que deux Règlemens particuliers, des 9 & 23 Octobre 1787, signés de lui, portoient, (*art.* 16. *du Règlement du 9 Octobre*): « Sa Majesté attribue en- » core au Conseil de la Guerre, la connoissance & l'examen de » toutes les affaires de discipline militaire & de contravention aux » Ordonnances, la proposition des punitions à décerner quand elles » n'auront pas été déterminées par les Ordonnances, &c. ».

(*Art.* 16. *du Règlement du 9 Octobre*).

« Le Secrétaire d'État de la Guerre renverra exactement au Rap- » porteur du Conseil de la Guerre, toutes les affaires, ainsi que tous » les détails qui seront du ressort du Conseil, afin que celui-ci en dresse » le rapport, le lui communique préalablement en sa qualité de » Président du Conseil, & le mette ensuite sous les yeux du Conseil » de la Guerre, en l'accompagnant de toutes les pièces originales ou » justificatives qui y auront relation ».

Après avoir commandé le Régiment de la Fère, de manière à obtenir de M. le Duc d'Ayen, son Inspecteur, les témoignages les plus flatteurs, il s'est vu successivement compromis dans trois affaires, où il peut dire avec vérité qu'il a été plus malheureux que coupable.

Il s'est attiré la première en soutenant, conformément aux ordres de M. le Maréchal de Ségur, alors Ministre de la Guerre, & de M. le Duc d'Ayen, un Officier injustement persécuté par son Corps.

Inculpé, dans la seconde, sur un propos vague tenu dans une conversation familière, & malignement répété, il s'est vu traduire au Tribunal des Maréchaux de France, où il a subi le jugement le plus sévère; & cette affaire suscitée par l'intrigue & la méchanceté, peut, avec raison, être regardée comme une suite de la première.

Dans la troisième, il est question d'une administration de bois de chauffage; & il a été bien démontré que, s'il s'est écarté du texte littéral de l'Ordonnance, il n'y a pas eu l'apparence même de malversation de sa part; que l'intention de faire le bien y étoit clairement manifestée, & que ce n'étoit qu'une nouvelle tracasserie qu'on vouloit lui faire.

Puni séparément avec une extrême sévérité pour chacune de ces trois affaires, peut-il croire qu'en les réunissant aujourd'hui, on veuille en faire un nouveau corps de délit, pour l'en punir une seconde fois plus cruellement encore, en le perdant dans l'esprit de Votre

Majesté, & en surprenant à sa justice l'ordre rigoureux de sa destitution ?

Pourroit-il se persuader davantage que Votre Majesté voulût faire pour lui seul une exception à la Loi générale que sa sagesse vient de lui dicter, & qu'Elle a solemnellement consacrée dans sa nouvelle Ordonnance concernant la hiérarchie militaire, où Votre Majesté dit, article 3, titre 2 : « *Que comme il est de sa justice de ne jamais prononcer, sans un examen réfléchi, ni une suspension de rang, ni une exclusion de son service, Elle déclare que ces sortes de punitions n'auront lieu que d'après les informations les plus approfondies, sur les notes des Colonels & Inspecteurs, lesquelles informations seront prises par un Conseil composé des Officiers-Généraux de la Division, présidé par le Lieutenant-Général qui la commandera ?* »

Si Votre Majesté s'explique ainsi d'une manière aussi claire que précise en parlant des Capitaines en second de son Armée, le Comte de Moreton peut-il croire qu'Elle veuille mettre moins d'examen & de réflexion pour prononcer sur le sort d'un Chef de Corps, d'un Colonel qui a l'honneur de servir le Roi depuis vingt-un ans, dont onze dans ce grade ; qui a fait deux campagnes, dont une sous les yeux de Monseigneur Comte d'Artois, dont il a été assez heureux pour obtenir alors quelques éloges, & qui, attaché depuis onze années à la personne de MONSIEUR, son auguste Frère, s'honore de son estime & de ses bontés ?

Si les dispositions rigoureuses annoncées par le Ministre de Votre Majesté, lors de l'exil du Comte de

Moreton, d'après le jugement rendu par le Tribunal, ſont une ſuite des comptes qui ont été mis dans le temps ſous ſes yeux ; comme ils ne peuvent être que le réſultat des notes de l'Inſpecteur ou du rapport de l'Officier-Général chargé par ordre de Votre Majeſté de l'examen de l'affaire du chauffage, le Comte de Moreton ſe croit parfaitement autoriſé, par l'article ci-deſſus de l'Ordonnance, à ſupplier Votre Majeſté de ſuſpendre un jugement auſſi ſévère, juſqu'à ce que ſa juſtice ait été éclairée par un Conſeil dans lequel ces notes & rapports ſeront diſcutés & approfondis, comme l'article ci-deſſus porte que doivent l'être celles des Inſpecteurs en pareil cas.

La conſtitution du Conſeil de la Guerre, & les Règlemens qui en fixent les fonctions, avoient depuis long-temps fait croire au Comte de Moreton que cette affaire étoit de ſon reſſort ; mais ſi le Secrétaire d'Etat du Département de la Guerre en a penſé autrement lors des premières déciſions qu'il a priſes de Votre Majeſté à ce ſujet, ſeroit-il poſſible qu'il lui propoſât aujourd'hui de prononcer un jugement définitif auſſi rigoureux, ſans porter l'affaire au Conſeil, où elle pût être diſcutée, & où le Comte de Moreton fût au moins entendu avant d'être condamné ?

La bonté de Votre Majeſté répugneroit ſans doute à cet acte d'autorité, ſi propre à porter le trouble & l'effroi dans le cœur de tous les Colonels de ſon Armée, qui ne ſeroient point à l'abri d'en devenir à leur tour les victimes ; & le Suppliant ne ceſſeroit, tant qu'il exiſteroit, d'en appeler à ſa juſtice.

Il a d'autant moins de raiſons de craindre cet acte de rigueur, que MM. de Brienne, d'Ayen & de Flachslanden, rendant hautement juſtice à ſon honneur & à ſa délicateſſe, ne lui reprochent que des torts de légèreté & de vivacité; qu'ils ont dit tous trois à MONSIEUR, qu'il n'y avoit d'autres griefs contre lui que ceux qui ont donné lieu aux trois affaires malheureuſes dont il a déjà été la victime; qu'enfin, MM. d'Ayen & de Flachslanden ſe ſont réunis pour ſolliciter le Miniſtre en ſa faveur, en tâchant de le faire renoncer au plan rigoureux qu'il avoit adopté.

Quelqu'authentique que ſoit la juſtice qu'ils lui rendent, le Comte de Moréton ne peut ſe diſſimuler que, depuis nombre d'années, ces exemples de rigueur n'ayant porté que ſur quelques Colonels dont les concuſſions & le péculat n'étoient que trop avérés, Votre Majeſté le dépouillant de ſon Régiment, entacheroit ſon honneur, le plus précieux de tous ſes biens, pour lequel il donneroit ſa vie qu'il brûle de conſacrer toute entière au ſervice de Votre Majeſté.

LETTRE de M. le Comte de Brienne à M. de Moreton.

Du 24 Juin 1788.

LE Roi jugeant, Monſieur, qu'il eſt indiſpenſable pour le bien de ſon ſervice, de vous retirer le commandement du Régiment d'Infanterie de la Fère; &

Sa Majeſté voulant cependant vous traiter favorablement, Elle m'a ordonné de vous marquer qu'en nommant un autre Colonel à ce Régiment, Elle vous conſerve, en votre qualité de Capitaine des Gardes-du-Corps de MONSIEUR, votre entière activité au ſervice, & votre rang parmi les Colonels de l'Armée, pour parvenir au grade de Maréchal-de Camp; & Elle m'a autoriſé à vous faire eſpérer d'être nommé au commandement d'un autre Régiment lorſque les circonſtances pourront le permettre. (*)

J'ai l'honneur &c. *Signé*, le Comte de BRIENNE.

RÉPONSE de M. de Moreton à M. de Brienne.

Monſieur le Comte,

J'AI reçu la Lettre que vous m'avez fait l'honneur de m'écrire, en date du 24 Juin. Je ne puis que me renfermer dans ma juſte réclamation, & je perſiſte à demander que ma conduite ſoit jugée dans un Conſeil. C'eſt l'avis unanime de tous les Militaires, c'eſt la loi de l'honneur, c'eſt le dernier cri d'une conſcience irréprochable; & je ne vois dans ma ſituation qu'une raiſon de plus de marquer mon reſpect pour l'opinion publique, en cherchant à l'éclairer. En invoquant la protection des Loix militaires, je dois compter, Monſieur le Comte, ſur votre propre ſuffrage, puiſque, ſi

(*) Quelle inconcevable & abſurde inconſéquence! Promettre un Régiment à un Colonel à l'inſtant même où on le dépouille arbitrairement de celui qu'il commande!

je ſuis coupable, je ne ferai que rendre plus éclatante ma deſtitution, en lui donnant pour baſe un acte de juſtice publique.

Je ſuis, &c.

Signé, Le Comte de MORETON.

LETTRE *de M. l'Archevêque de Sens, frère de M. le Comte de Brienne, à M. de Moreton.*

Du 26 Juin 1788.

JE me ſerois plus tôt empreſſé de vous répondre, Monſieur, ſi j'avois pu vous annoncer un heureux ſuccès du Mémoire que vous m'avez adreſſé. Je ſuis fâché de n'avoir à vous témoigner que mes regrets, & les aſſurances de l'attachement & des ſentimens avec leſquels j'ai l'honneur d'être, &c. *Signé*, l'Arch. de Sens.

RÉPONSE *de M. de Moreton à M. l'Archevêque de Sens.*

MONSEIGNEUR,

J'AI reçu la Lettre que vous m'avez fait l'honneur de m'écrire, en date du 26, en réponſe à la copie de mon Mémoire au Roi, que j'avois eu celui de vous adreſſer.

La voix de l'honneur & l'avis unanime de tous les Militaires, m'impoſent la loi de perſévérer dans la juſte réclamation qui en fait l'objet, & je ne puis y être infidèle. C'est marquer mon respect pour l'opinion publique que de chercher à l'éclairer dans cette circonstance; & j'ai droit de compter sur votre justice impartiale, Monseigneur, pour appuyer auprès de Sa Majesté une demande qui, si je suis coupable, ne fera que rendre ma destitution plus éclatante & plus légale, en lui donnant pour base un acte de justice publique.

J'ai l'honneur, &c.

Signé, Le Comte de MORETON.

LETTRES écrites à M. le Comte de Brienne par les Officiers qui ont refusé le Régiment de la Fère.

LETTRE de M. d'Aiguillon, alors Duc d'Agenois.

Du 15 Juillet 1788.

Je viens de recevoir, M. le Comte, la Lettre que vous m'avez fait l'honneur de m'écrire pour m'apprendre que le Roi a daigné me nommer Colonel du Régiment d'Infanterie de la Fère, dont étoit pourvu M. le Comte de Moreton. Je suis très-reconnoissant de la bonté que Sa Majesté a eue de m'accorder un Régiment, & des soins que vous avez bien voulu vous donner pour faire valoir mes services & mes droits. Les raisons que je vais vous expliquer, m'empêchent de pouvoir profiter de la grâce que je reçois en ce moment: je vous supplie de les dire au Roi, & de les faire valoir auprès de lui, en mettant à ses pieds l'hommage de mon respect & de ma reconnoissance. Vous ignorez vraisemblablement, M. le Comte, les liaisons intimes établies depuis long-temps entre la famille de M. de Moreton & la mienne, & sur tout l'amitié qui unit M. le Comte de Chabrillan & mon père. A mon attachement ancien pour M. de Chabrillan, se joint l'intérêt particulier que je prends à M. de Moreton. Dans cette circonstance, je serois bien condamnable aux yeux des gens honnêtes & délicats, si j'acceptois un Régiment vacant par la destitution d'un Colonel dont le père est l'ami du mien, *qui perd sa place sans avoir donné sa démission, sans avoir été jugé, & qui réclame avec chaleur la justice du Roi.* Cet acte de délicatesse de ma part; cette conduite commandée par l'honneur, seront, je n'en doute pas, approuvés par vous. C'est moins, en ce moment, au Ministre que je m'adresse, qu'à un homme estimable, connu par sa probité. C'est entre ses mains que je dépose les intérêts de ma réputation; c'est lui qui daignera être auprès du Roi l'interprète & l'apologiste des motifs impérieux qui me décident à refuser la grace qu'on daigne m'accorder. Sa Majesté est trop juste pour ne pas sentir la force de mes raisons, & pour douter un instant de ma soumission à ses volontés. J'espère qu'elle daignera m'honorer de son approbation, & m'accorder, dans une occasion plus heureuse, les mêmes bontés qu'elle me témoigne dans celle-ci.

Les raiſons qui motivent mon refus, & que je viens, Monſieur le Comte, d'avoir l'honneur de vous expoſer, ſont certainement des plus fortes; mais il s'y en joint encore d'autres. Je vous ai prié, par ma lettre du mois d'Octobre dernier, de me faire obtenir un Régiment de Cavalerie ou de Dragons. J'ai toujours ſervi dans la Cavalerie; & il me ſemble que par la nouvelle Ordonnance de la hiérarchie militaire, Art. I & II, tit. IX, il eſt impoſſible que je paſſe actuellement dans l'Infanterie, & qu'enſuite je repaſſe dans les troupes à cheval, comme vous me l'aviez fait eſpérer avant l'Ordonnance, en me promettant un Régiment d'Infanterie.

Si quelque choſe pouvoit jamais me faire entrer dans cette arme, ce ſeroit le cas où le Roi, ayant égard à mes juſtes ſollicitations, me donneroit la propriété d'un Régiment d'Infanterie, autre que celui de la Fère, que ma poſition ne me permet point d'accepter. Je n'ai point perdu de vue la demande que j'ai eu l'honneur de vous faire à cet égard, & l'approbation que vous avez donnée à la juſtice des motifs qui l'appuyoient. J'eſpère que vous daignerez les faire valoir auprès de Sa Majeſté, & m'obtenir enfin de ſes bontés le ſeul dédommagement que je puiſſe jamais avoir de tout ce que j'ai perdu. Je ſerai trop heureux de vous devoir de la reconnoiſſance, & très-empreſſé de vous la témoigner.

J'ai l'honneur d'être, &c. *Signé*, le Duc d'Agenois.

RÉPONSE

RÉPONSE de M. de Brienne à M. le Duc d'Agenois.

Du 30 Juillet 1788.

J'ai mis sous les yeux du Roi, Monsieur, la lettre que vous m'avez fait l'honneur de m'écrire. Sa Majesté approuve la délicatesse qui vous porte à refuser le Régiment de la Fère, d'après les liaisons qui existent entre votre famille & celle de M. de Moreton; & Elle m'a autorisé à mettre votre nom sous ses yeux, lorsqu'il vaquera des Régimens de troupes à cheval.

J'ai l'honneur, &c.

Signé, le Comte de BRIENNE.

LETTRE de M. le Marquis de St.-Chamans à M. de Brienne.

Du 20 Juillet 1788.

M. LE COMTE,

J'apprends à l'instant que M. le Duc d'Agenois vient d'être nommé Colonel du Régiment de la Fère : ainsi me voilà bien confirmé dans le commandement de celui que j'ai. Je vous supplie de trouver bon que ce soit pour le garder.

Lorsque j'eus l'honneur de vous écrire, il y a environ trois semaines, pour vous demander le Régiment de la Fère, j'ai cru que le Roi avoit donné à

M. de Moreton un dédommagement dont il jugeoit pouvoir être content. S'il réclame un jugement qu'obtiendroient tous les Lieutenans de l'Armée, vous peserez sans doute, M. le Comte, dans votre justice, ce que vous croirez être en droit de refuser. Si ma voix s'élève en ce moment, c'est pour l'honneur & la vérité. Le témoin subordonné au Juge, dont il respecte le pouvoir, ne craint pas de dire ce qui peut l'éclairer.

L'occasion s'en trouve dans les circonstances où se trouve l'homme sous qui j'ai été en second pendant deux ans. Prendre sa dépouille, seroit avoir l'air de croire à ses torts: je me dois, je dois à l'honneur & à la délicatesse de ne rien faire qui puisse établir l'ombre d'un soupçon.

Est-il malheureux, celui qui, au même grade que moi, étoit mon Chef? Il doit me retrouver; et pourrois-je lui refuser franchise & loyauté?

Il importe à mon bonheur, peut-être à toute mon existence militaire, que vous me permettiez de ne pas m'écarter du plan de conduite que je me suis prescrit avec M. de Moreton. Pourrois-je être pour lui moins honnête & moins délicat, que ne l'a été M. d'Agenois, qui lui est plus étranger?

Vous voyez mes motifs, M. le Comte: je ne puis hésiter de faire le sacrifice d'un petit agrément au grand intérêt de l'honneur & du devoir. Bien loin de m'égarer en me laissant conduire par ces principes, je pense au contraire acquérir des droits à vos bontés, & les justifier par la demande que je vous renouvelle, de vouloir bien me laiſſer au commandement du Régiment que j'ai.

Je ſuis, &c.

Signé, le Marquis de SAINT-CHAMANS.

LETTRE de M. le Commandeur de Meſgrigny à M. de Brienne.

Du 31 Août 1788.

M. le Comte,

J'ai reçu le 23 de ce mois la lettre par laquelle vous me faites l'honneur de m'annoncer la faveur que le Roi a daigné me faire en me nommant Colonel du Régiment d'Infanterie de la Fère. Je ſuis infiniment reconnoiſſant des bontés de Sa Majeſté, & des ſoins que vous avez bien voulu prendre de faire valoir l'ancienneté de mes ſervices, & mes droits au premier Régiment vacant.

Votre abſence de Verſailles a ſuſpendu ma réponſe : je n'aurois pas tardé un inſtant à vous offrir mes remerciemens, & en vous ſuppliant de mettre aux pieds du Roi l'hommage de ma reconnoiſſance, à vous prier de vouloir bien lui préſenter l'impoſſibilité où je ſuis d'accepter cette grace.

Vous ignorez vraiſemblablement, M. le Comte, la très-proche parenté qui me lie avec M. le Comte de Moreton. Pourrois-je, j'oſe vous en faire juge, prendre la dépouille d'un Colonel mon parent, destitué sans avoir donné sa démission, qui perd sa place sans avoir été jugé, & qui réclame avec instance de l'être ? Ma conduite auroit la censure des gens honnêtes & délicats; j'aurois à me faire un reproche éternel. Vous ne voudriez pas, M le Comte, qu'une action aussi blâmable pût désunir deux familles, & que mon peu de délicatesse en fût le motif. Permettez que ce soit moins au Ministre du Roi que je m'adresse, qu'à M. le Comte de Brienne, qui de tout temps a eu des bontés pour ma famille, & qui sait peser l'intérêt de l'honneur: c'est cet honneur qui réclame auprès de lui; c'est entre les mains de M. le Comte de Brienne que je dépose le soin de ma réputation, plus chère que ma vie; c'est lui qui daignera faire valoir auprès du Roi les motifs qui me portent à ne pas accepter une grace dont il m'honore, & en l'assurant de ma soumission à ses volontés, le supplier de donner son approbation à ma délicatesse, & de me continuer dans une circonstance plus heureuse, les mêmes bontés qu'il veut bien me témoigner dans celle-ci.

Sa Majesté a tracé ma conduite par l'approbation qu'Elle a daigné accorder aux motifs de M. le Duc d'Agenois. Les miens acquièrent une plus grande force par la parenté. Vous avez bien voulu, par votre lettre du 30 Juillet dernier, annoncer à M. le Duc d'Agenois que la délicatesse de son procédé avoit reçu la sanction du Roi : le mien pourroit-il ne pas l'avoir ? Faites donc, je vous prie, valoir auprès de Sa Majesté, le sacrifice de mon intérêt que l'honneur commande, & ayez, M. le Comte, la bonté d'obtenir du Roi qu'il veuille bien établir mon droit certain au premier Régiment d'Infanterie vacant ; ce qui sera la marque assurée de sa satisfaction. Vous avez voulu m'obliger : que votre bienfait ne soit pas sans effet.

J'ai prié Monseigneur l'Archevêque de Sens, & Madame la Marquise de Loménie d'être auprès de vous mes apologistes, comme vous serez le mien auprès du Roi. Avec un motif aussi pur, appuyé, comme je n'en doute pas, par l'un & par l'autre, cette cause ne peut manquer d'obtenir votre suffrage, & en augmentant l'intérêt que vous avez bien voulu chercher à me témoigner, m'assurer votre estime.

Je suis &c. *Signé*, le Chevalier DE MESGRIGNY.

P. S. Voulez-vous bien avoir la bonté de m'accorder une audience particulière, & de faire savoir le jour & le moment où vous me ferez cette grace ?

Autre Lettre de M. de Mesgrigny, au même.

M. le Comte,

J'ai eu l'honneur, de vous exposer l'impossibilité où je suis d'accepter la faveur que le Roi a daigné me faire en me nommant Colonel du Régiment d'Infanterie de la Fère. Vous connoissez mon motif : permettez que, sans le répéter, je vous prie de le mettre sous les yeux du Roi, & en lui présentant l'hommage de ma respectueuse reconnoissance, de le ſupplier de me continuer dans une circonſtance plus heureuſe, les mêmes bontés dont il m'a honoré dans celle-ci. Agréez, je vous prie, M. le Comte, mes remerciemens des ſoins que vous avez bien voulu vous donner pour faire valoir dans cette occaſion mon ancienneté au Service, & mes droits au premier Régiment vacant. Je ne dois pas douter du même intérêt lorſqu'il viendra à vaquer des Régimens d'Infanterie; & j'oſe eſpérer de la bonté du Roi, qu'il voudra bien y avoir égard, en me permettant d'en concevoir l'eſpérance fondée ; ce qui ſera un titre bien précieux pour moi.

Je ſuis &c. *Signé*, le Chevalier de MESGRIGNY. (*)

LETTRE de M. de Boyer, qui, en acceptant le Régiment de la Fère, a déclaré qu'il ne s'en regarde que comme dépoſitaire.

EXTRAIT d'une Lettre de M. le Comte de Boyer à M. le Vicomte de Gand.

Du 30 Octobre 1788.

Quoique je ſois nommé au Régiment de M. de Moreton, il peut également ſuivre le jugement qu'il réclame. Il vaut peut-être mieux pour lui que ſon Régiment ſoit dans mes mains ; il peut le regarder comme en dépôt ; je ſerai toujours prêt à

(*) Nombre de Colonels auxquels on a offert le Régiment de la Fère, ou qu'on a tenté de diſpoſer à l'accepter, l'ont également refuſé.

le lui rendre. Je ne ſais pas ſi M. de Moreton eſt à Paris dans ce moment ; je ſerois bien aiſe que vous en conféraſſiez avec lui. Mon ame eſt pure & honnête : vous la connoiſſez (*).

LETTRES des Officiers de tous les grades, depuis le Maréchal de France, juſqu'au Colonel, ſur l'envoi qui leur a été fait par M. de Moreton, de ſon Mémoire au Roi.

De M. le Maréchal DE CONTADES.

J'AI reçu, Monſieur, la lettre que vous m'avez

(*) A l'avénement de M. *de Puyſégur* au Miniſtère, M. le Comte *de Boyer* écrivit à M. le Vicomte *de Gand* la Lettre ci-après :

« Le changement du Miniſtre peut être favorable à M. le Comte » *de Moreton*. Ma nomination ne nuit en rien à la ſuite qu'il peut » donner à cette affaire. La manière dont un vieux Lieutenant-Co» lonel accepte le Régiment de la Fère, eſt plus marquante que le refus » abſolu des jeunes gens de la Cour. La lenteur que j'ai miſe & que » je mets encore, aide à la circonſtance. D'ailleurs, je ſerai toujours » prêt à le lui rendre. En refuſant d'une manière poſitive & motivée, » je me perdois, & je ne le ſervois pas. Je me ſuis conſulté moi» même ; j'ai conſulté les autres, & je ne vois dans ma conduite rien » qui puiſſe nuire aux intérêts de M. *de Moreton* ».

Nota. M. *Meunier*, Lieutenant Colonel du Régiment de la Fère, à ſon arrivée ici pour la Fédération, eſt venu répéter à M. *de Moreton* la même choſe de la part de M. *de Boyer*.

fait l'honneur de m'écrire le 19 de ce mois, & le Mémoire qui y étoit joint. Je vous prie d'agréer mes remerciemens de me l'avoir envoyé ; je l'ai lu avec la plus grande attention & l'intérêt que l'affaire dont il y est question, est faite pour inspirer.

De M. le Maréchal DE BIRON.

J'AI reçu, Monsieur, avec la lettre que vous m'avez fait l'honneur de m'écrire le 19 de ce mois, la copie du Mémoire que vous avez adressé au Roi. J'apprendrai avec plaisir qu'il ait fait sur Sa Majesté l'impression que vous desirez, & que vous ayez obtenu la justice que vous méritez.

De M. DE LA GUICHE.

J'AI reçu, M. le Comte, le Mémoire que vous avez adressé au Roi : je pense que vous avez toute raison, & il me paroît impossible que l'on vous refuse un Conseil de guerre, étant de toute équité que l'on donne des Juges, & que ce ne soit point l'arbitraire qui puisse ôter à quelqu'un son état.

De M. le Duc DE PRASLIN.

L'ORDONNANCE militaire est votre titre, Monsieur le Comte, pour demander à être jugé. Rien de plus juste ni de plus noble tout-à-la-fois que la réclamation dont vous me faites l'honneur de me faire part. Tout Citoyen a droit de demander à être jugé légalement, étant né sous la Loi & devant vivre sous sa protection. Dans les Gouvernemens les plus despotiques, la Loi n'excepte de son empire que le Sérail, & veille sur tous les particuliers. Des Ministres sont établis pour la faire exécuter & pour en être les organes. Dans notre Gouvernement, le Conseil de Guerre est celle des Militaires : il ne peut vous être refusé, lorsque vous l'invoquez sous un Monarque dont le caractère distinctif est la bienfaisance; sauve-garde du maintien de l'ordre public.

Dans une autre Lettre, M. le Duc de Praslin écrivoit à M. de Moreton :

DANS l'état de notre Constitution, votre demande devoit être accueillie, étant de toute justice d'être jugé par un Tribunal légal; mais aujourd'hui les Ministres se croient des Oracles, chacun dans le Tribunal qu'il s'arroge, & distribuent des Arrêts à tort & à travers. *Indè mali labes*; & sauve qui peut; ce qui me fait craindre que la justice que vous réclamez ne vous soit pas accordée. En mon particulier, convaincu que tout Citoyen qui demande à être jugé par ses Pairs a droit de l'être, je suis fermement dans l'opinion que votre demande est juste, qu'elle ne peut ni ne doit vous être refusée : mais quel qu'en soit l'événement, M. le Comte, vous avez à vous féliciter d'avoir fait ce que vous vous deviez à vous même, & d'avoir acquis, par votre noblesse, des droits à l'opinion publique qui pourra vous dédommager du despotisme ministériel.

De M. le Marquis DE CHASTELLUX.

UNE abſence que j'ai faite, & une petite incommodité qui m'eſt ſurvenue à mon retour, m'ont empêché, Monſieur, de répondre plus tôt à la lettre que vous m'avez fait l'honneur de m'écrire en m'adreſſant une copie de votre mémoire au Roi. Je ſerois bien affligé de me trouver ainſi en retard avec vous, ſi je n'éprouvois une véritable ſatisfaction à vous aſſurer, Monſieur le Comte, après l'événement, que votre demande m'a paru parfaitement juſte. Ce n'eſt jamais que dans un objet de faveur que l'autorité peut ſe diſpenſer d'informer ; & il n'eſt pas de faveur plus importante que celle de donner des Juges à tout accuſé.

Lettre de M. le Comte DE MENOU.

JE vous fais mes remerciemens, Monſieur, du Mémoire que vous m'avez envoyé ; je l'ai lu avec d'autant plus d'intérêt, qu'il réclame un des articles de la nouvelle Ordonnance qui me plaît le plus, parce qu'il tient eſſentiellement à la juſtice. L'arbitraire des Miniſtres dans la répartition des graces & des emplois, a ſuffi pour produire ſouvent les plus grands maux. Comment pourroit-on encore leur laiſſer le droit de deſtituer ſans nul jugement que le leur, & d'ôter auſſi arbitrairement qu'ils donnent ? Qui peut douter que le Miniſtre qui ſe met au-deſſus des Loix, ne ſoit l'homme du Royaume qui faſſe le plus d'erreurs, puiſqu'il eſt toujours celui qu'un plus grand nombre d'hommes a intérêt de tromper? Je ſuis bien perſuadé que ces vérités ont frappé un Prince dont les idées de juſtice ſont déjà bien connues & chéries de la Nation. Je ſuis enchanté pour le bien de l'Armée, qu'il s'intéreſſe à votre affaire : il eſt trop près du Trône pour ne pas eſpérer qu'il obtiendra le Conſeil de Guerre que vous demandez. Le Miniſtre ne pourra pas répondre qu'il n'y a pas matière à jugement, puiſqu'il a déjà prononcé une rigoureuſe Sentence. J'eſpère que celle du Conſeil de Guerre vous ſera auſſi favorable que je le deſire.

De M. le Maréchal Duc DE MOUCHY.

J'AI reçu, Monſieur, la lettre que vous m'avez fait l'honneur de m'écrire, & le mémoire qui y étoit joint; je l'ai lu avec la plus grande attention ; & l'amitié que j'ai pour M. le Comte de Chabrillan, me fait deſirer qu'il faſſe l'impreſſion qu'il paroît mériter.

De M. le Prince D'HÉNIN.

J'AI reçu, Monſieur, avec la lettre que vous m'avez fait l'honneur de m'écrire, la copie du mémoire que vous avez fait remettre au Roi; la lecture que j'en ai faite n'a pu que m'affermir dans l'opinion où j'étois de l'injuſtice inouie dont on veut vous rendre la victime.

De M. le Comte DE BUZANÇOIS.

J'AI reçu hier au soir, Monsieur, le billet que vous m'avez fait l'honneur de m'écrire, & auquel étoit jointe copie du mémoire que vous avez présenté à Sa Majesté. Je vous prie d'être bien persuadé que si vous m'en aviez donné plus tôt connoissance, je me serois empressé de vous témoigner l'intérêt réel que je prends au sort que vous éprouvez. J'espère qu'il n'est pas sans appel. Votre réclamation est on ne sauroit mieux fondée : Sa Majesté y aura sûrement égard, & sa justice ne vous permet pas de croire un seul instant qu'elle fasse pour vous seul exception à la Loi générale clairement énoncée dans les articles III du titre II, & IV du titre XVI de sa nouvelle Ordonnance concernant la hiérarchie militaire.

De M. le Duc DE LEVIS.

VOUS n'aviez pas besoin, mon cher Confrère, de faire paroître votre mémoire pour réunir l'estime & les suffrages de ceux qui vous connoissent; tous sont convaincus de votre délicatesse : c'est pour le Public que vous avez écrit, & tout le monde doit s'intéresser au succès d'une demande fondée sur la justice, & que l'honneur vous prescrit.

De M. le Duc DE CRILLON.

JE reçois, Monsieur, la copie du mémoire que vous avez fait remettre à Sa Majesté. Témoin d'une part de la valeur, bonne volonté, & envie de vous inſtruire que vous avez témoigné pendant que vous étiez mon Aide-de-Camp au ſiége de Gibraltar, & de l'autre étant votre allié, l'ami de M. votre père, & de tous les vôtres depuis bien des années, j'ai plus de droits que perſonne à la confiance que vous me témoignez, en me demandant mon ſentiment ſur le jugement que vous réclamez; mais je n'en ai aucun pour eſpérer que mon avis puiſſe vous être de quelque utilité. Perſuadé de la juſtice qui règne dans le cœur du Roi & des Miniſtres qui doivent la lui préſenter dans tout ſon jour, ſur-tout lorſqu'il eſt queſtion de défendre (ainſi que vous le dites) votre honneur, la plus précieuſe de toutes les propriétés, je ſuis très-diſpoſé à croire que vous ne ſerez pas condamné ſans être entendu, & qu'on ne refuſera pas à un homme de votre eſpèce & du grade que le Roi vous a donné, ce qui ſeroit accordé au plus petit particulier, & à un ſimple Soldat.

De M. de Dillon.

Je reçois votre lettre, Monſieur et cher Camarade, et je m'empreſſe de vous dire combien je prends part à ce qui vous arrive. Les circonſtances m'ont mis à portée de voir le Régiment de la Fère, commandé par vous; & je vous répète avec plaiſir ce que je vous dis en le voyant: que je n'ai pas vu de Régiment mieux tenu ni mieux exercé. Je ne puis croire au reſte, que l'on vous refuſe d'être jugé. Je ne connois pas les griefs dont on vous accuse; ils ne peuvent être ni contre l'honneur, ni pour malversation : ainsi je desire pour vous & avec vous que l'on vous rende cette foible justice.

De M. le Marquis DE BIENCOURT.

J'AI reçu, Monsieur le Comte, avec la lettre que vous m'avez fait l'honneur de m'écrire, la copie de votre mémoire au Roi, que vous avez eu la bonté de m'envoyer: la réclamation qu'il contient, m'a paru aussi solide que bien fondée; & elle paroîtra telle à tout homme qui pense & réfléchit; la justice, la raison, le droit naturel et commun, solliciteront éternellement en votre faveur, pour que le jugement que vous sollicitez avec une noble energie, vous soit accordé : vous l'obtiendrez tôt ou tard. Le Roi est juste, il est bon; vous ne pouvez pas même être présumé coupable avant d'avoir été jugé. Si vous êtes jugé par la suite, comme je n'en doute pas, j'espère que la pureté de votre conduite, si bien exposée dans votre mémoire, vous justifiera pleinement.

De M. DE GUIBERT, *Rapporteur du Conseil de la Guerre.*

J'AI reçu il y a long-temps, Monsieur le Comte, la lettre que vous m'avez fait l'honneur de m'écrire, avec la copie de votre lettre au Roi, qui y étoit jointe. Je me serois chargé avec tout l'intérêt possible de faire le rapport de votre réclamation au Conseil de la Guerre : mais lorsque tous les Membres qui le composent se sont communiqué la lettre que vous leur avez écrite, & que j'y ai nouvellement fait lecture de la mienne pour mettre l'affaire sur le tapis, *M. le Comte de Brienne nous a dit que le Roi s'en étoit reservé la décision*, (*) *& qu'il prendroit de nouveau ses ordres à ce sujet :* il nous a dit depuis, *qu'il les avoit pris, & que le Roi avoit persisté dans sa première résolution ;* il nous a ajouté toutefois, *qu'en la confirmant, le Roi avoit prononcé que non-seulement il vous conservoit votre activité à son service, mais même la susceptibilité d'être nommée au commandement d'un autre Régimens.* Je ne puis assez vous marquer combien je regrette que mes vœux & mes demarches n'ayent pas eu un meilleur succès.

De M. DE LA FERTE SENECTERE.

J'AI reçu, mon cher Moreton, la lettre que vous m'avez fait l'amitié de m'écrire en m'adressant votre Mémoire au Roi : je l'ai lu avec autant de plaisir que d'intérêt, le développement de votre position étant fait de manière à tranquilliser les gens qui, comme moi, font profession de vous être attachés, & à éclairer ceux qui ne vous connoissant pas aussi particulièrement, auroient pu concevoir de vous une opinion que j'ai été assez heureux pour combattre plus d'une fois *victorieusement*.

(*) Infraction manifeste de l'article VII du Règlement du 23 Octobre 1787, cité page 7, & signé par le même M. de Brienne.

De M. DE LA FAYETTE.

J'AI reçu, M. le Comte, le Mémoire que vous avez bien voulu me communiquer; et je desire beaucoup, que d'après les règles établies dans la dernière Ordonnance, vous obteniez l'examen que vous demandez; Je serai toujours disposé à rendre justice au zèle que vous avez montré pendant le temps où nous avons servi ensemble; et cette circonstance contribue encore à me faire souhaiter le succès de votre réclamation. Ce sentiment, M. le Comte, est bien sincère.

De M. Charles DE LAMETH.

J'AI passé chez vous, Monsieur & cher Confrère, pour vous dire que j'ai reçu le Mémoire que vous m'avez fait l'honneur de m'envoyer: j'ai déjà eu occasion d'en parler avec chaleur devant quelques Membres du Conseil de la Guerre: vous ne doutez pas de la franchise avec laquelle je m'expliquerai dans toutes les circonstances, sur l'estime qu'on vous doit, et sur l'injustice dont on vous menace: je pense que vous eussiez bien fait, que vous feriez bien même encore, si vous êtes à temps, de faire un Mémoire que vous feriez signer par tous les Colonels qui sont ici.

De M. le Marquis DE SINETY.

LA lecture de votre Mémoire, M. et cher Confrère, auroit suffi pour me faire prendre le plus vif intérêt

intérêt à votre cause, qui devient celle de tout ce qui est Militaire en France, & qui prend un nouveau degré de force dans l'expression très-précise des dernières Ordonnances. Par une suite des principes qu'elles renferment, il ne doit exister dans notre métier aucun individu qui ne soit sûr, dans quelque circonstance que ce puisse être, que sa conduite sera discutée & approfondie. Le Conseil de la Guerre ne s'écartera pas de cette Loi, qu'il vient de promulguer d'une manière aussi positive qu'authentique. Je trouve donc votre réclamation à cet égard trop fondée, pour que le Roi se décide à vous condamner sans vous entendre, à vous destituer sans d'autres motifs que les affaires où vous avez déjà subi trois punitions différentes, et vous fasse encore moins éprouver un sort qui, de tout temps, n'a été réservé qu'à un très-petit nombre de Colonels, accusés & convaincus d'actions déshonorantes. Je ne crois pas que la justice du Roi exerce un acte de rigueur aussi nouveau que contraire au bien de son service, par les effets fâcheux qui résultent toujours des infractions aux Ordonnances; & vous devez attendre tranquillement de la bonté de Sa Majesté, qu'en se faisant rendre compte plus amplement de votre conduite par le Conseil dont vous sollicitez le jugement, Elle reconnoisse et distingue particulièrement votre zèle pour le métier, dont l'exagération seule a pu vous donner l'apparence de quelques torts aux yeux de gens prévenus ou mal instruits.

De M. DE CHARNAILLE.

J'AI lu, Monſieur, le Mémoire que vous m'avez fait l'honneur de m'adreſſer, avec l'intérêt que je porte à tout ce qui vous touche : il m'a paru bien motivé. Vous battez le Miniſtre avec ses propres armes : le moyen eſt noble & franc ; il doit réuſſir : je l'eſpère, & l'apprendrai avec une véritable ſatisfaction.

De M. le Marquis DE TOULONGEON.

Je viens, Monſieur le Comte, de recevoir la lettre que vous m'avez fait l'honneur de m'écrire, & la copie jointe de votre Mémoire au Roi. A peine je ſais quelques détails ſur les faits qu'il contient ; mais je penſe que lorſqu'il eſt queſtion de priver un Colonel de son Régiment, il faut des faits bien graves, qui alors doivent être prouvés d'une manière également éclatante ; cette forme eſt néceſſaire à la conſcience des Juges & aux droits de l'accuſé.

De M. le Vicomte DE ROCHAMBEAU.

Mon avis, mon cher Comte, ne peut pas avoir d'influence ſur les déciſions du Miniſtre de la Guerre ; mais ſi par haſard j'étois conſulté ſur l'affaire extraordinaire qui vous a été ſuſcitée, je dirois que *l'Ordonnance du Roi portant Règlement ſur la hiérarchie de tous les Emplois Militaires, ainſi que ſur les promo-*

tions & nominations auxdits Emplois, *en date du* 17 *Mars* 1788, fixant au *titre* 2, *articles* 1, 2, 3, *que les Lieutenans ne pourront être exclus du grade de Capitaine en ſecond*, *que d'après un Conſeil compoſé des Officiers - Généraux de la Diviſion*, *qui*, *d'après un examen réfléchi*, *prononcera ſur le retard d'avancement que leſdits Lieutenans doivent ſupporter*; je dirois donc que le grade de Colonel doit être conſéquemment ſujet aux mêmes Règlemens.

De M. le Duc DE LA GUICHE.

J'ai reçu, mon cher Moreton, le Mémoire que vous m'avez adreſſé; je l'ai lu avec le plus grand intérêt, & vais vous faire part des réflexions qu'il m'a ſuggérées.

Je penſe que tout Colonel eſt intéreſſé à penſer qu'il ne peut pas être deſtitué, ſans que ſes griefs ſoient connus, jugés, & rendus publics par un Conſeil de Guerre; l'*Ordonnance preſcrit cette forme pour les Capitaines & ſous-Lieutenans*, *& doit exiger de plus grandes précautions pour la deſtitution d'un Colonel.*

Je penſe que la deſtitution d'un Colonel à la demande de ſon Corps, eſt la choſe la plus contraire à la ſubordination, & à la diſcipline militaire.

Je penſe qu'il n'y a pas de Colonel qui ne ſe ſoit rendu coupable du prétendu crime qui vous a fait condamner auſſi ſévèrement. Je me crois tout auſſi honnête homme qu'un autre, & je fais journellement des économies, tendantes à la bonification de la masse particulière.

Je pense que M. de Brienne a agi avec une légèreté inconcevable & sans exemple, & je l'en crois très-fâché.

Après vous avoir dit, mon cher Moreton, que je trouve votre cause bonne, juste, imperdable, je m'offre d'être votre Avocat; & vous pouvez être sûr que je dirai tout haut ce que je vous écris.

De M. le Comte DE BARBANTANE.

Je vous assure, mon cher Chabrillan, que j'ai lu votre Mémoire avec beaucoup d'intérêt. Ayant été à portée de vous voir à votre Régiment, personne n'est plus convaincu que moi du desir que vous avez de faire le bien, & personne n'a pu mieux juger, du zèle que vous y mettez.

De M. le Comte de WALSH SERRANT.

J'ai reçu, M. le Comte, la lettre que vous m'avez fait l'honneur de m'écrire, & la copie de votre Mémoire qui y étoit jointe; je l'ai lu avec beaucoup d'intérêt; & je ne pourrois avoir aucun doute sur le succès de votre réclamation, si je croyois quelque fondement à vos inquiétudes.

L'Ordonnance de la hiérarchie militaire que vous citez fort bien, pour raisonner du *moins* au *plus*, & l'établissement du Conseil de la Guerre, qui assure par-tout un nouvel ordre de punitions & de récompenses, des principes permanens, & des formes qui sont toujours la sauve-garde de la justice; vous promettent la discussion approfondie que vous desirez. En la sollicitant, vous annoncez que vous n'avez rien à en redouter : en vous l'accordant, c'est imprimer, si elle vous étoit défavorable, un caractère de plus à l'exemple que présenteroit votre destitution.

De M. le Marquis DE ROCHELAMBERT.

Je reçois dans l'instant, Monsieur, la copie de votre Mémoire au Roi, que vous m'avez fait l'honneur & l'amitié de m'adresser. Je m'empresse de vous exprimer tout le desir que j'ai de vous voir obtenir la justice qui vous est due : vous plaidez la cause générale; & tous mes vœux seroient pour le succès, quand tous les sentimens personnels d'estime & d'attachement que vous m'inspirez ne s'y réuniroient pas.

De M. le Comte D'AUTICHAMP.

J'aurai l'honneur, Monsieur le Comte, de vous répéter ma profession de foi sur le Mémoire que MONSIEUR a présenté au Roi en votre faveur. Le sentiment de l'innocence ferme y est exprimé avec la noblesse & la loyauté qui vous caractérisent, & j'espère autant que je le desire, que Sa Majesté, frappée par les motifs puissans de votre juste réclamation, vous rendra une justice qui semble vous être due à tant de titres.

De M. le Comte DE JUMILHAC.

J'ai reçu, Monſieur, la lettre que vous m'avez fait l'honneur de m'écrire, & j'ai lu avec beaucoup d'intérêt la copie de votre Mémoire, qui y étoit jointe.

J'ai le plus grand deſir que vous obteniez la ſatisfaction que vous pouvez ſouhaiter; mais ſi le Roi & ſon Miniſtre s'y refuſoient, vous devez croire, Monſieur, que vous ne vous trouveriez privé de votre Régiment que par des circonſtances malheureuſes dans leſquelles vous vous ſeriez trouvé, & nullement pour cauſes qui ayent inculpé votre honneur, puiſque les perſonnes chargées d'examiner votre comptabilité ont, d'après l'examen qu'ils en ont fait, rendu juſtice à l'emploi des deniers que vous aviez touchés; & ſûrement ma façon de penſer eſt celle de tous les gens qui vous connoiſſent.

De M. le Marquis DE LA TOUR-MAUBOURG.

J'AI lu avec toute l'attention dont je ſuis capable & tout l'intérêt que je vous dois par toute ſorte de raiſons, Monſieur & cher Confrère, le Mémoire que vous avez bien voulu m'adreſſer : j'eſpère avec vous que la juſtice que vous demandez de mettre votre conduite dans tout ſon jour, ne vous ſera pas refuſée; & c'eſt alors que vous triompherez d'une manière éclatante de la perſécution qu'on vous fait éprouver. Si les circonſtances vous mettoient dans le cas de faire appuyer votre ſollicitation par les Colonels réunis, je vous prie de me compter au nombre de ceux qui ſe réuniront à vous avec le plus de zèle et d'empreſſement.

De M. DE *M*ENOU.

J'AI une peine extrême, M. le Comte, de ce que vous m'avez fait l'honneur de me mander, & deſire bien ſincèrement que la juſtice que vous ſollicitez vous ſoit rendue. Le Mémoire que vous avez fait remettre au Roi, doit le décider a vous accorder le Conseil de Guerre que vous demandez : je prends même la liberté de vous dire que vous ne devez rien négliger dans le monde pour l'obtenir, moins encore pour conſerver votre Régiment, ce qui ne peut manquer d'être ſi vous êtes jugé, que pour mettre vos procédés au plus grand jour ; ce à quoi vous ne pouvez que gagner infiniment.

D'ailleurs je penſe qu'il ſeroit facheux militairement, qu'on deſtituât un Chef ſans le juger, & ſur de ſimples accuſations ; ſi on prenoit ce parti, peu de nous ſeroient à l'abri d'être perdus : mon opinion à ce ſujet me paroît être celle de toutes les perſonnes auxquelles j'ai parlé de votre ſituation, qui m'afflige d'autant plus, que je ſuis perſuadé & convaincu que vous ne la méritez pas.

De M. le Vicomte DE *D*URFORT.

JE n'ai reçu, M. le Comte, qu'il y a deux jours une lettre que vous m'avez fait l'honneur de m'écrire, avec un Mémoire qui y étoit joint, qui a couru beaucoup après moi, à cause des marches & contre-marches de mon Régiment depuis un mois. J'ai lu, M., votre Mémoire avec le plus grand intérêt: je forme les vœux les plus sincères pour que les choses prennent la tournure que vous desirez, & il paroîtroit à mes foibles lumières, que le jugement que vous réclamez par le Conseil de la Guerre, ne pourroit vous être refusé sans injustice.

De M. Charles DAMAS.

J'AI lu avec bien de l'intérêt le Mémoire que vous m'avez envoyé, mon cher Moreton; il est impossible que votre affaire n'en inspire pas à tous vos Camarades. Je me mets au nombre de vos amis: vous devez penser combien j'ai desiré qu'on écoutât votre demande aussi juste que fondée; je ne trouve point de réplique à votre Mémoire; s'il n'a pas l'effet qu'il paroît devoir produire, il vous restera l'estime & l'amitié de ceux qui vous connoissent. C'est une propriété que rien ne peut vous ôter, & qui est consolante, quand on n'a rien à se reprocher.

De M. le Baron DE MENOU.

J'AI reçu, M. le Comte, la lettre que vous m'avez fait l'honneur de m'écrire: le Mémoire que vous avez bien voulu y joindre, est plein de force & d'énergie; vous vous y exprimez en homme qui, ne connoissant rien de plus précieux que l'honneur, réclame avec chaleur contre le pouvoir arbitraire qui veut le lui enlever.

Il est des places, sans doute, dont on peut être privé sans perdre l'estime & la considération publique; mais il n'en existe aucune de cette espèce dans le service militaire. Être destitué ou être déshonoré sont deux mots synonymes pour tout Officier François: ce sentiment précieux est un des caractères distinctifs de notre Nation.

Je n'entrerai point ici, M. le Comte, dans la discussion des affaires malheureuses qui peuvent servir de prétexte au traitement rigoureux qu'on veut vous faire éprouver: mon opinion sur ces différens objets est entièrement fixée; mais plus je vous vois pur & intact sur tout ce qui intéresse l'honneur & la délicatesse, plus je dois desirer qu'un jugement légal établisse par-tout la même opinion. Vous êtes coupable, ou vous ne l'êtes pas: si vous êtes coupable, vous devez être puni avec toute la sévérité des Loix militaires: si vous ne l'êtes pas, toute la France doit être instruite que les imputations faites contre vous sont fausses; &, dans l'un ou l'autre cas, il n'est qu'un seul moyen de parvenir à la vérité: c'est l'examen de votre conduite par un Conseil de Guerre: si vous succombez, votre punition étant plus éclatante deviendra un exemple terrible pour tout Chef de Corps qui s'écarteroit des voies de la justice ou de l'honneur; & sous ce point-de-vue, le Gouvernement est intéressé à vous accorder la demande d'être examiné & jugé publiquement. Il est d'ailleurs un principe sacré & inviolable : c'est que tout accusé ne peut être condamné que par les formes légales ; & cette vérité vient même d'être consacrée par la dernière Ordonnance militaire : vous les invoquez dans votre Mémoire, M. le Comte ; & je ne puis me persuader que l'instant où ces Ordonnances viennent d'être promulguées, soit celui où l'on veuille y déroger.

Je vous exhorte donc, M. le Comte, a continuer vos réclamations de la manière la plus ferme & la plus respectueuse, & je ne doute pas qu'à la fin, vous n'obteniez la justice qui vous est due.

De M. le Vicomte DE TOULONGEON.

J'AI reçu, Monsieur & cher Confrère, la lettre & le Mémoire que vous m'avez fait l'honneur de m'adresser : je crois, comme vous, que lorsqu'un Militaire est irréprochable par l'honneur & par la probité, il ne fait que se rendre ce qu'il doit à soi-même & à ses compagnons d'armes, en réclamant l'exécution d'une Loi militaire qui assure à tous les Officiers de l'Armée le jugement précieux de leurs Pairs.

De M. le Vicomte DE LAVAL.

JE viens de recevoir, Monsieur & cher Confrère, le Mémoire que vous avez bien voulu m'adresser : je l'ai lu avec tout l'intérêt qu'inspire la malheureuse circonstance dans laquelle vous vous trouvez ; je me flatte que vous rendez justice au desir bien vif que j'ai qu'il produise l'effet que vous devez en attendre. Je ne puis que répéter ce que j'ai dit, cet hiver, chaque fois qu'il a été question de vous devant moi; c'est un hommage que tous ceux qui vous connoissent doivent à votre loyauté, & que je suis bien empressé de vous offrir dans cette occasion.

De M. le Comte Ô-CONNELL.

J'ai reçu, Monsieur & cher Confrère, avec la lettre que vous m'avez fait l'honneur de m'écrire, la copie que vous avez bien voulu y joindre de votre Mémoire au Roi. Le texte de la nouvelle Loi sur lequel vous appuyez votre demande, me semble la justifier pleinement quand même vous n'auriez pas d'autres titres aux bontés de Sa Majesté, & je souhaite de tout mon cœur qu'Elle daigne avoir égard à vos réclamations.

De M. le Comte DE LEVIS.

Je viens de lire, Monsieur le Comte, le Mémoire que vous m'avez fait l'honneur de m'adresser: je ne doute pas que le Conseil de la Guerre ne vous mette à même de justifier votre conduite, en vous accordant la justice qu'il vous doit, & par-là ne s'acquitte envers la Nation, du droit le plus cher à tout Militaire, qui est de ne pouvoir perdre son état sans être jugé par ses Pairs.

De M. le Chevalier DE PUYSÉGUR.

J'ai reçu, Monsieur & cher Confrère, la lettre

que vous m'avez fait l'honneur de m'écrire, & le Mémoire que vous avez présenté au Roi : vos réclamations me paroissent de toute justice, & je ne doute pas qu'elle ne vous soit rendue.

De M. D'ARENBERG.

J'ai reçu, Monsieur le Comte, le Mémoire que vous m'avez fait l'honneur de m'envoyer ; je ne doute point que le Conseil de la Guerre n'engage M. le Comte de Brienne à vous accorder le jugement que vous demandez : je pense qu'il est intéressant pour tous les Chefs de Corps, que vôtre conduite, comme Colonel, soit soumise à un Tribunal Militaire.

De M. DE SARSFIELD.

J'ai lu, Monsieur le Comte, avec une attention égale à l'intérêt que je prends à ce qui vous regarde depuis que vous êtes né, la copie que vous m'avez fait l'honneur de m'envoyer de votre Mémoire au Roi ; il est écrit simplement, noblement ; & ce que vous demandez me paroît de la plus grande justice : c'est même l'Ordonnance qui demande pour vous.

De M. le Baron DE HAHN.

J'ai reçu, mon cher Comte & Confrère, votre lettre, que vous m'avez écrite au sujet de votre affaire de Wissembourg, en m'adressant aussi la copie de votre Mémoire, qui a été donné au Roi par MON-

SIEUR, son frère, & dans lequel vous demandez de vous conserver votre Régiment, ou la grace d'être jugé par un Conseil de Guerre.

Je trouve, mon cher Comte & Confrère, votre réclamation, non pas seulement très-légitime & très-juste, mais même nécessaire; car le Public (Juge très-sévère) n'est pas aussi assuré que moi, qu'on ne peut rien vous reprocher sur votre honneur; ce qu'un Officier-Général de cette Province, & qui a été chargé par le Ministre d'examiner les plaintes contre vous, m'a fait l'honneur de me dire. M. le Duc d'Ayen, votre Inspecteur de l'année passée, vous rend le même aveu, suivant votre Mémoire au Roi. Je ne doute donc pas que le Roi, quand il sera instruit & assuré de cette vérité, ne vous accorde votre demande, non pas comme une grace, mais comme une justice qui autorise chacun de ses Sujets à réclamer suivant sa dernière Ordonnance, comme vous l'observez fort bien dans votre Mémoire présenté au Roi.

De M. DE NOAILLES.

J'ai reçu, mon cher Confrère, la lettre que vous m'avez écrite, avec celle que vous adressez au Roi. Il me semble que les nouvelles Ordonnances parlent en votre faveur, & qu'il a été reconnu de tous temps, qu'après un jugement on ne devoit pas subir deux punitions pour une faute qui n'en comporte qu'une. M. de Brienne est fait pour être touché par de justes raisons, & le Roi écoutera, sans doute, avec intérêt les réclamations d'un Officier qui l'a servi avec zèle.

De M. DE GUERCHY.

J'ai reçu, mon cher Confrère, le Mémoire que vous m'avez adressé, & dont vous avez remis le double au Roi; il me paroît impossible que l'on ne vous accorde pas d'être jugé par le Conseil des Officiers-Généraux, comme vous le desirez. Quand on est sûr de son droit, il est tout naturel de desirer d'être jugé avec toutes les formes; j'espère que vous voudrez bien me faire part de la réussite de votre demande.

De M. le Comte D'AVAUX.

Sans connoître parfaitement les torts qui vous sont attribués, Monsieur, je ne doute pas qu'il ne vous soit facile de vous justifier de ceux qui seroient assez graves pour avoir mérité une punition aussi sévère; mais ce que je pense invariablement, c'est que, dans toutes circonstances, un homme a droit de demander à être jugé: c'est le grand procès qui se plaide maintenant. Beaucoup l'ont perdu: je desire bien sincèrement que vous soyez plus heureux, & que vous obteniez une demande aussi juste.

De M. le Duc DE MONTMORENCY.

J'ai reçu, Monsieur, la lettre que vous m'avez fait l'honneur de m'écrire, & le Mémoire qui y étoit joint, & que vous avez bien voulu m'adresser; je l'ai lu avec l'attention & l'intérêt que devoient inspirer les circonstances malheureuses qui vous obligent à cette démarche ; &, sans me permettre aucune réflexion sur les détails d'une affaire que j'ignore, & qui ne me regarde point, je me permets cependant l'opinion de vous croire d'autant plus fondé à réclamer un jugement que l'on a toujours bonne grace de demander, que vous appuyez cette demande sur le texte même d'une nouvelle Ordonnance, qui, à ce qu'il me semble, ne doit pas être plus défavorable aux Colonels qu'aux Capitaines. Je desire fort que vous en obteniez tout le succès que vous pouvez en espérer.

De M. le Marquis DE MONTESQUIOU.

Je vous rends grace, M. le Comte, de la marque de confiance dont vous m'honorez. Je ne connois pas de réclamation plus juste que la vôtre, & je ne crois pas qu'on puisse l'exprimer avec plus de noblesse & de clarté. S'il est en mon pouvoir de vous seconder, je vous prie de ne pas douter du zèle que j'y mettrai.

De M. le Comte DE GAND.

J'ai reçu, Monsieur & cher Confrère, la copie que vous m'avez envoyée de votre lettre au Roi. La justice de votre demande me fait croire qu'on ne vous refusera pas ce que vous demandez.

L'honnêteté & la loyauté de votre caractère connu

de tous vos amis, doit vous répondre de l'intérêt qu'on prend à ce que vous éprouvez ; & notre bien ancienne liaison vous est un sûr garant du mien en particulier.

De M. de CAYLUS.

J'ai reçu, mon cher Moreton, votre Lettre circulaire, ainsi que le Mémoire au Roi qui y étoit joint. Il m'a paru parfaitement juste, & je ne crois point qu'on puisse vous refuser le Conseil de Guerre que vous demandez. Rien ne prouve mieux la bonté de votre cause que la demande que vous en faites. Personne ne prendra plus d'intérêt que moi à la réussite de votre affaire, & j'espère que vous voudrez bien me faire part du succès que vous devez en attendre.

De M. de POUILLY.

Je reçois, Monsieur le Comte, le Mémoire que vous m'avez fait l'honneur de m'adresser : votre réclamation me paroît fondée d'une manière si précise sur l'Ordonnance de la hiérarchie militaire, que je ne doute point qu'elle ne soit accueillie favorablement par le Roi. Je vous prie de croire, Monsieur le Comte, que j'ai pris une part infinie aux discussions fâcheuses que vous avez éprouvées, & que je n'en prendrai pas une moins véritable au succés de votre demande & à la justice que vous réclamez.

De M. le Chevalier de FITZ-JAMES.

Je viens de recevoir, mon cher Comte, votre Mémoire au Roi. Vous ne doutez pas, j'espère, de de l'intérêt que je prendrai toujours à ce qui vous regarde, & particulièrement votre honneur se trouvant compromis. Votre cause est trop bonne & vos raisons si bien motivées dans votre Mémoire, que je ne puis mettre en doute qu'on ne vous accorde le jugement que vous demandez. C'est le vœu que je fais bien sincèrement pour votre justification, & il n'y a pas un Militaire qui ne doive le desirer vivement, n'étant pas, sans cela, plus à l'abri que vous d'un pareil jugement arbitraire.

De M. le Duc de LAVAL.

J'ai reçu, Monsieur, la copie de votre Mémoire présenté au Roi, que vous avez eu la bonté de m'envoyer. Votre réclamation me paroît si juste, qu'il m'est impossible de ne pas croire que l'on ne vous accorde le jugement que vous demandez avec autant de raison que de justice.

De M. de BOISGELIN.

J'ai reçu, Monsieur, la Lettre que vous m'avez fait l'honneur de m'écrire, & le Mémoire au Roi qui y étoit joint; je l'ai lu avec un véritable intérêt, & je desire bien sincèrement que la demande simple & juste qui en est l'objet, vous soit accordée.

De M. le Comte de MAILLY.

J'ai lu, Monsieur le Comte, avec infiniment d'intérêt la Lettre que vous avez écrite au Roi, &

dont vous m'envoyez copie. Je pense qu'il est intéressant pour tous les individus de l'Armée, qu'il vous soit accordé des Juges. Il seroit inquiétant pour tout le monde, qu'une décision du Roi ne portât pas sur les formes graves auxquelles sont tenus les Tribunaux, même les Jugemens émanés des Commissions. Le Conseil de la Guerre semble avoir été réuni pour établir des bases; & le premier principe d'une Constitution militaire, est de donner des Juges à qui est accusé & en demande. Ce n'est que d'après cette instruction, que le Roi peut asseoir son opinion & de suite sa volonté.

De M. le Duc D'AGENOIS, pour M. le Duc D'AIGUILLON.

JE suis chargé, M. le Comte, de la part de mon père, qui se trouve dans l'impossibilité de vous répondre lui même, de vous assurer combien il est reconnoissant de l'attention que vous avez bien voulu avoir de lui envoyer une copie de votre Mémoire au Roi. Il l'a lu avec beaucoup d'attention & d'intérêt. Il desire infiniment qu'une réclamation qui lui paroît aussi juste qu'elle est noble & respectueuse, ait tout le succès qu'elle mérite. Il espère que vous ne douterez point de sa façon de penser à cet égard.

De M. le Prince de POIX.

J'AI reçu, Monsieur, le Mémoire que MONSIEUR doit avoir remis au Roi; je m'en serois chargé avec plaisir. Rien n'est plus juste que votre demande, & je ne sais comment elle pourroit vous être refusée.

De M. de GOUVERNET.

J'AI reçu, Monsieur & cher Confrère, la lettre que vous m'avez écrite & le Mémoire qui y étoit joint. La demande d'un jugement, qui fait le seul objet de votre Mémoire au Roi, me semble vous être accordée d'avance par l'Ordonnance que Sa Majesté vient de rendre, portant règlement sur la hiérarchie de tous les emplois militaires, titre 2, art. 3.

De M. de BAYE.

J'AI reçu, M. le Comte, le Mémoire que vous m'avez fait l'honneur de m'envoyer ; après l'avoir lu avec beaucoup d'attention, il m'est impossible de ne pas dire qu'il est de toute justice de vous accorder ce que vous demandez. Un jugement est le droit d'un Citoyen, dans quelqu'état que le hasard l'ait placé; vous devez d'autant plus l'espérer, que le Roi est juste. D'après cette vérité, il me semble qu'à votre place je serois dans la plus grande sécurité.

De M. de LUSIGNEM.

J'AI reçu, M. le Comte, la copie du Mémoire présenté au Roi, que vous m'avez fait l'honneur de m'envoyer. Votre cause est d'une telle justice, qu'elle doit être celle de tous vos Camarades & de tous les honnêtes gens. Il me paroît impossible que l'on vous refuse le jugement que vous demandez, & que vous allez sans doute obtenir promptement d'un Ministre aussi équitable que M. le Comte de Brienne. Je ne fais point de vœux pour qu'il soit conforme à ce que vous desirez; notre ancienne connoissance & l'opinion que j'ai de vous, M. le Comte, ne me laissent point de doute à cet égard.

De M. le Prince de SAINT-MAURIS.

J'AI appris avec beaucoup de regrets, Monsieur, votre destitution du Régiment de la Fère. La réclamation que vous faites d'un jugement, me paroît fondée sous tous les rapports; votre honneur y est intéressé; & je ne doute point que vous n'obteniez ce que l'Ordonnance de la hiérarchie militaire accorde à tous les Officiers subalternes de l'Armée. Soyez, je vous prie, bien persuadé, Monsieur, du desir que j'ai que vous obteniez ce que vous sollicitez avec tant de justice.

De M. de FARGÈS.

J'ai reçu, Monsieur, le Mémoire que vous m'avez fait l'honneur de m'écrire, & je l'ai lu avec l'intérêt que peut & doit inspirer l'amitié dont M. votre père m'honore depuis 40 ans; il me semble qu'il est très-noble de demander, de provoquer un jugement; vous réunissez au droit naturel qu'a tout homme qu'on inculpe, de demander que la Loi prononce. L'Ordonnance qui vient d'être rendue me paroît très-sage, puiſqu'elle prononce expreſſément *qu'on ne pourra pas deſtituer un Officier de ſon emploi, qu'il n'ait été jugé dans les formes qui y ſont preſcrites.* J'eſpère, Monſieur le Comte, que vous obtiendrez votre demande, & que le jugement du Conſeil de Guerre vous ſera auſſi favorable que je le deſire.

De M. Alexandre de LAMETH.

J'ai reçu, mon cher Moreton, la Lettre que vous m'avez écrite & le Mémoire qui y étoit joint; il me paroît renfermer une juſte réclamation; & je ne doute pas un inſtant que le Conſeil de Guerre que vous demandez, ne vous ſoit accordé. Les grades militaires ſont, ce me ſemble, une eſpèce de propriété acquiſe par des ſervices, par le ſacrifice d'une partie de ſa fortune & de ſon temps, & qu'on ne doit pouvoir perdre que par des fautes graves, authentiquement prouvées, & jugées par un Conſeil de Guerre. Votre cauſe eſt celle de tous les Militaires, votre réclamation celle de toute l'Armée; & je ne doute pas qu'elle ne ſollicitât vivement le jugement que vous demandez, dans le cas où il vous ſeroit refuſé.

Deſirer que votre conduite ſoit miſe en évidence, mon cher Moreton, c'eſt vous dire combien je la crois pure.

De M. le Vicomte de SEGUR.

Votre cauſe me paroît ſi juſte mon cher Moreton, & votre demande ſi fondée, qu'il m'eſt impoſſible, malgré tout l'intérêt que vous m'inſpirez, d'être un instant inquiet sur la réponse du Roi, dont nous connoissons la justice.

De M. le Marquis de MORTEMART.

J'ai reçu, Monsieur & cher Confrère, la Lettre que vous m'avez fait l'honneur de m'écrire, & la copie qui y étoit jointe, du Mémoire que vous avez présenté au Roi. J'ai été peu à portée de prendre personnellement connoissance des objets qui donnent lieu à votre réclamation; mais je me flatte que vous me rendrez la justice de croire que je suis convaincu que vous n'avez jamais rien eu dans votre conduite, que vous puissiez craindre d'exposer au grand jour; & la réclamation que vous faites d'un jugement du Conseil de la Guerre me paroît de toute justice, & la preuve la plus convaincante de la conscience que vous avez d'une conduite irréprochable. J'espère que votre demande vous sera accordée, & qu'il n'y aura plus qu'à vous faire compliment de la justice qui vous aura été rendue.

De M. le Vicomte de CROISMARE.

J'ai lu, Monsieur, avec empressement le Mémoire que votre amitié a bien voulu me confier; vous y défendez avec noblesse une cause fort intéressante pour tout le Militaire. Votre but est l'honneur, & votre cause devient celle de tout Officier qui, coupable de quelques légèretés, se verroit exposé à les expier par le châtiment réservé aux plus grandes fautes.

De M. de PERNOT.

J'ai lu, Monſieur le Comte, avec bien de l'intérêt le Mémoire que vous m'avez donné, & ne vois rien de plus juſte que la demande que vous deſirez obtenir : il eſt certain que l'uſage ancien, & la dernière Ordonnance que le Roi a rendue, vous y autoriſent ; je ne puis croire qu'elle ſoit déjà en déſuétude.

De M. le Chevalier D'ORAISON.

Vous ne devez pas douter, mon cher Confrère, de l'intérêt que je prends à ce qui vient de vous arriver. La réclamation que vous faites d'un jugement dans cette circonſtance, me paroît d'autant plus fondée, que la juſtice, l'Ordonnance, l'uſage demandent également pour vous la déciſion d'un Conſeil de Guerre. J'eſpère que vos inſtances & l'opinion publique ne manqueront pas de vous faire accorder cette ſatisfaction à laquelle, d'ailleurs, eſt liée la ſécurité de tous les Militaires.

De M. le Marquis de COIGNY.

J'ai l'honneur de vous remercier, Monſieur le Comte, de l'attention que vous avez eue de m'envoyer une copie de votre Mémoire au Roi ; l'intérêt que je prends à ce qui vous regarde ne doit vous laiſſer aucun doute ſur celui que m'a inſpiré la lecture des raiſons qu'il contient. Je fais des vœux bien ſincères pour que Sa Majeſté ſe trouve auſſi convaincue que moi, de la juſtice de votre cauſe.

Nota. Tous les autres Officiers de l'Armée, à qui M. de Moreton avoit adreſſé ſon Mémoire, lui répondirent dans le même ſens.

DÉPÔT de toutes les Pièces ci-dessus, fait par M. de Moreton chez un Officier public; & sa protestation contre sa destitution arbitraire, contre toute nomination déjà faite, ou qui pourroit se faire, à sa charge de Colonel du Régiment de la Fère.

Du 31 Octobre 1788.

En faisant le dépôt des pièces ci-dessus, je déclare que je persiste & persisterai jusqu'au dernier soupir, dans la réclamation que j'ai pris la liberté de faire mettre sous les yeux du Roi; que je ne cesserai de demander la justice qui est due à tout Militaire, & même à tout autre Citoyen, en sollicitant le jugement légal d'un Conseil de Guerre, & que je persévère à croire qu'il ne peut m'être refusé sans violer également les principes & les loix militaires, & le droit incontestable qu'a tout Citoyen de n'être pas condamné sans être entendu. En conséquence, je proteste contre ma destitution arbitraire, contre toute nomination déjà faite ou qui pourroit se faire à ma charge de Colonel du Régiment de la Fère, dont je n'ai jamais donné ma démission; aussi-bien que contre toutes les atteintes que l'on pourroit porter à mon existence civile ou militaire, & à ma liberté politique & individuelle; me reservant d'en instruire la Nation assemblée, pour éclairer la religion du Roi, sur un objet qui intéresse aussi essentiellement mon honneur, la plus précieuse des propriétés d'un Citoyen. A Paris, en l'Etude de Me. Brazon, Procureur au Parlement, le 31 Octobre 1788.

Signé le Comte DE MORETON-CHABRILLAN, Colonel du Régiment de la Fère.

Délibération de l'Ordre de la Noblesse du Dauphiné.

CEJOURD'HUI huit Novembre mil sept cent quatre vingt-huit, à l'issue de la dernière Assemblée des trois Ordres de la Province de Dauphiné, M. le Comte de Moreton-Chabrillan, Capitaine en survivance des Gardes-du-Corps de MONSIEUR, Frère du Roi, auroit prié M. le Comte de Morges, Président de l'Ordre de la Noblesse, d'inviter ceux qui le composent à se rendre à la Chapelle des Pénitens; & y étant, M. de Moreton a représenté que, par un acte d'autorité, il a été privé du commandement du Régiment de la Fère, Infanterie, dont il étoit Colonel; que vainement il a fait toutes démarches auprès des Ministres du Roi, pour réclamer sa justice, & être réintégré dans son état; que, sur leur refus, il a sollicité l'Assemblée d'un Conseil de Guerre, pour y être jugé, sans l'avoir pu obtenir; que ce refus l'auroit nécessité de déposer un acte chez Me. Brazon, Procureur au Parlement de Paris, sous la date du 31 Octobre 1788; qu'il supplie Messieurs de la Noblesse de lui permettre de déposer au Greffe des Etats de la Province, une copie collationnée dudit acte, & des pièces qui y sont rappelées.

M. de Moreton s'étant retiré, sa demande portée en délibération ;

L'Ordre de la Noblesse a délibéré qu'il seroit écrit en son nom, par M. le Comte de Morges, une lettre au Roi, à l'effet d'intercéder sa justice, & le supplier d'accepter la convocation d'un Conseil de Guerre, réclamé par M. de Moreton, à l'effet de le déclarer innocent ou coupable ; déclare au surplus qu'il consent le dépôt requis par M. de Moreton. Et ont signé, &c.

Collationné conforme à l'original. Le Comte de MORGES, Président.

CHARPIN Secrétaire.

Lettre de M. le Comte de Morges, Président de l'Ordre de la Noblesse de Dauphiné, au Roi (*).

Du 9 Novembre 1788.

SIRE,

LA Noblesse de votre Province de Dauphiné, qui rend les plus vives actions de graces à Votre Majesté pour les bontés éclatantes qu'Elle lui té-

---

(*) M. de Brienne a répondu sèchement à cette Lettre, que cette affaire ne regardoit nullement la Noblesse du Dauphiné, & que Sa Majesté improuvoit sa démarche.

moigne dans ce moment, ſur les objets généraux qui intéreſſent la Province, prend encore la liberté de réclamer votre juſtice en faveur d'une cauſe particulière, ſur laquelle elle oſe adreſſer à Votre Majeſté ſes reſpectueuſes ſollicitations. Le Comte de Moreton-Chabrillan, un des Membres de ſon Corps, lui a repréſenté que ſa délicateſſe lui feroit ſupporter avec douleur, juſqu'à l'apparence d'avoir pu mériter le malheur qu'il a éprouvé d'être deſtitué du commandement du Régiment dont l'avoit honoré Votre Majeſté, ſans qu'on lui en ait fait connoître les motifs ; & qu'il a ſollicité ſans ſuccès juſqu'à préſent, qu'un Conſeil de Guerre lui fût accordé pour juger ſa conduite. Le Corps de la Nobleſſe oſe ſe joindre à lui, pour ſolliciter de Votre Majeſté cette ſatisfaction : il la ſupplie de ne conſidérer dans cette démarche que la délicateſſe & l'honneur qui l'animent, & qui l'ont toujours porté au ſervice de ſes Rois, avec un zèle pur & ſans reproche.

Nous avons l'honneur d'être, avec le plus profond reſpect,

SIRE,

De Votre Majeſté,

Vos très-humbles, &c.

Signé, le Comte DE MORGES, Préſident de l'Ordre de la Nobleſſe.

Réclamation de M. de Moreton à la Nation assemblée dans ses Bailliages.

Il est un temps où le Citoyen, frappé par le despotisme ministériel, n'a d'autre ressource que de dévorer en silence les affronts & les injustices ; mais quand de grands maux ramènent enfin la Nation à l'époque desirée où sa voix peut se faire entendre, le Citoyen opprimé élève ses espérances. C'est alors que celui que l'autorité voulut flétrir, approche sans crainte de l'Assemblée auguste chargée de stipuler les intérêts de tous ; il vient y demander justice, y dénoncer ses oppresseurs, & présenter sa tête.

Ainsi se conduisirent en 1483 cette foule d'hommes infortunés, de tout rang, de tout âge, qui, sous le règne précédent, avoient été les déplorables victimes de la tyrannie de Louis XI.

S'il fut permis alors de se plaindre d'un Roi qui avoit si étrangement abusé de son pouvoir, à plus forte raison sera-t-il permis en ce siècle, sous un Roi bon, juste, mais trompé, de dénoncer ses Ministres, & l'usage pervers qu'ils ont fait du pouvoir qui leur fut confié.

Il est deux sortes de crimes dont les Ministres se rendent souvent coupables ; & le Tribunal où l'on peut se plaindre des uns, est différent de celui où l'on doit dénoncer les autres.

Quand un Particulier a enduré un outrage qui ne frappe que lui, dont les conséquences n'importent qu'à lui, alors il vient aux pieds des Etats-Généraux du Royaume déposer ses respectueuses doléances : ainsi se conduisirent en 1483 les Nemours, les Croy, les d'Armagnac.

Mais quand le coup qui atteint un Citoyen, les menace tous également, quand l'abus du pouvoir dont il fut la victime, est tel que la continuité de ces abus entraîneroit l'Etat sous le joug de la tyrannie, alors ce n'est plus aux Représentans de la Nation qu'il doit se plaindre, mais à la Nation elle-même assemblée dans ses Bailliages, afin que le malheur d'un Particulier l'éclairant sur le malheur de tous, sa suprême volonté charge ses Représentans de réprimer ce despotisme odieux qui menace la Nation entière.

Le Comte de Moreton s'adresse donc aux Bailliages, pour en obtenir le redressement des griefs dont il se plaint : son intérêt personnel disparoît devant l'intérêt général attaché à sa cause. Etranger à la plus grande partie des Bailliages, inconnu de la plupart de ceux à qui il adresse ses vœux, entouré d'ennemis, de lâches calomniateurs, il n'en a pas moins le juste espoir de voir accueillir sa demande, parce qu'elle est juste, & qu'elle est unie à l'intérêt de tous.

Le Comte de Moreton, Colonel du Régiment de la Fère en 1785, a été destitué du commandement de son Régiment le 24 Juin 1788, sur une simple lettre ministérielle de M. le Comte de Brienne. Aussitôt il a réclamé contre cette décision arbitraire ; aussitôt il a demandé un Tribunal où il pût offrir sa tête,

& la conſerver avec ſon innocence, ou la perdre avec ſon honneur. On lui a refuſé juſtice, on l'a jugé ſans l'entendre, & il a perdu ſon emploi.

Pluſieurs Citoyens ont refuſé de lui ſuccéder (1). Un Militaire l'a remplacé.

Le Comte de Moreton, victime du pouvoir d'un Miniſtre, ne ſe croit ni jugé ni deſtitué; il réclame ſa place, & demande un Tribunal.

Sa Province a uni ſes vœux aux ſiens: elle n'a obtenu aucun ſuccès.

Le Comte de Moreton a dépoſé chez un Officier public ſes plaintes, ſes réclamations; elles veilloient pour lui lors même que la tyrannie d'un Miniſtre l'opprimoit; & aujourd'hui, il demande aux Bailliages leur intervention, pour obtenir qu'il ſoit jugé & réintégré.

Sa cauſe eſt la cauſe de tous les Citoyens; elle eſt la cauſe de la Patrie elle-même. Elle eſt la cauſe de tous les Citoyens, parce qu'il ſera déſormais impoſſible de ſervir l'Etat, s'il dépend d'un Miniſtre de flétrir, par l'effet de ſa volonté, les Militaires qui ſe dévouent à ſa défenſe. Si le Roi peut honorer un Citoyen par des graces, il ne dépend pas de lui de le déshonorer en les lui retirant. Il étoit libre de les refuſer; il ne l'eſt pas de les reprendre.

Les Loix ont limité à cet égard la puiſſance royale; & cette limite ſalutaire, conſervatrice de l'honneur des

---

(1) MM. le Duc d'Aiguillon, le Commandeur de Meſgrigny, le Marquis de Saint-Chamans, &c. &c.

Citoyens contre les attentats du despotisme, fait partie de la Constitution, & fut toujours en vigueur parmi nous.

Dans le Capitulaire donné à Pistes (1), on voit que *nul ne pouvoit être privé de ses honneurs* (ce qui vouloit dire de ses offices & dignités) *que par jugement.* Et Lothaire ayant voulu user à cet égard du despotisme dont se plaint le Comte de Moreton, fut blâmé, & la question de ces destitutions fut renvoyée au *Plaid national.*

LOUIS XI lui-même, ce détestable tyran, a reconnu l'inamovibilité de toutes les charges & emplois militaires, par la même Ordonnance qui constate celle de tous les Offices de Judicature (2).

Si de ces anciennes institutions nous passons à de plus modernes, nous trouvons que nos loix militaires (3) ont toutes prononcé que nul ne pouvoit perdre son Office sans jugement; & la manière de le juger y est tracée avec exactitude.

Mais les loix émanées sous le ministère même de

---

(1) Voyez *Capitularia Regum Francorum*, *tom. II*, *p.* 209 à 210, *X* 4. *Apud Pistas*, *Ch. III.*

(2) Voyez l'Ordonnance de Louis XI, du 21 Septembre 1468, rapportée dans les Observations sur l'Histoire de France, par M. l'Abbé Mably, tom. V, p. 269, édit. en 6 vol. in-12.

(3) Voyez le Code Militaire du Briquet, tit. 4, tom. I, p. 305 & suiv.

l'homme injuste (1) qui a tyranniquement privé le Comte de Moreton de son état, lui imposoient la loi de le faire juger avant de le destituer : ainsi il a violé, en le destituant arbitrairement, les Loix du Royaume & ses propres décisions.

Mais, si la Loi prescrit qu'aucun Militaire ne perdra sa place qu'après avoir été jugé, l'intérêt national l'exige de telle manière qu'il faudroit créer la Loi si elle n'existoit pas.

En effet, si le Militaire est tellement sous la main du Prince, que son honneur soit à sa merci, & que la volonté ministérielle puisse lui ravir sa place, & entacher sa réputation ; il cesse d'être Citoyen, il devient esclave, & ses forces, livrées à la disposition du Ministère, peuvent servir à cimenter la tyrannie. Dans ce cas, nul Militaire ne peut siéger dans un lieu où siégent les Citoyens ; nul ne peut représenter la Nation aux États-Généraux : car, en ce lieu où la vérité doit se faire entendre, où de lâches & coupables Ministres doivent être accusés & payer de leur tête les crimes dont ils sont coupables, qui osera les accuser ? Qui ? Ce seront des Citoyens libres, inaccessibles aux faveurs de la Cour, il est vrai, mais hors des atteintes de ses vengeances : mais le Militaire élu pour repré-

---

(1) Voyez les Règlemens portant établissement du Conseil de la Guerre, art. 14, 15 & 16, & l'Ordonnance concernant la hiérarchie militaire, en date des 9 & 23 Octobre 1787, & 17 Mars 1788.

ſenter la Nation, ſi le Roi peut le deſtituer à volonté, ſera intimidé par la ſeule menace d'un Miniſtre; il ſentira qu'au ſortir de l'Aſſemblée, la perte de ſon état ſera l'effet de ſon courage, & qu'il perdra ſon honneur pour avoir voulu faire punir l'homme qui avoit déjà perdu le ſien.

Il n'y a donc point de milieu : il faut, ou que l'honneur du Militaire repoſe à l'ombre des Loix, ou qu'il ſoit l'eſclave du deſpotiſme & l'inſtrument de la ſervitude; &, ſi tel eſt ſon ſort, il ne peut être honoré du choix des Bailliages pour repréſenter la Nation aux Etats-Généraux.

L'autorité royale peut ſuſpendre l'activité d'un Militaire, l'interdire. Ces préalables, qui le réduiſent à l'inaction, ſuffiſent au maintien de la diſcipline; mais elle ne peut lui ravir ſon Office que par un jugement. Telle eſt la Loi, tel eſt le moyen de conſerver à l'Officier ſon *droit de Cité*.

Fondé ſur ces principes immuables, le Comte de Moreton, ſans entrer dans la diſcuſſion des calomnies dont on l'enveloppe, des lâches complots dont il eſt la victime, mais aſſuré de les détruire tous juſqu'à l'évidence, demande à la Nation qu'oubliant ſes malheurs perſonnels, mais fixant ſes regards ſur les dangers de l'abus dont il ſe plaint, elle ordonne qu'un Tribunal écoute ſes plaintes, examine la conduite de ſon oppreſſeur, le juge, & lui rende ſa place & ſon honneur, ou lui faſſe perdre en même temps & l'honneur & la vie.

Le Comte DE MORETON-CHABRILLAN.

Lettre de M. de Moreton à Monsieur, Frère du Roi, pour lui faire part de son recours à la Nation assemblée.

Monseigneur,

Je croirois manquer aux devoirs que m'imposent le respect profond que je porte à Monsieur, & la reconnoissance éternelle que je dois à ses bontés, si je ne m'empressois d'avoir l'honneur de lui rendre compte de la démarche que je viens de faire, & si je ne mettois sous ses yeux le Mémoire que j'adresse aux Bailliages.

En demandant à la Nation assemblée son intervention pour obtenir le jugement légal que je n'ai cessé de solliciter vainement jusqu'à présent, je n'ai fait qu'obéir à la loi impérieuse de l'honneur, & au cri d'une conscience irréprochable.

Si ma conduite, dans cette circonstance, avoit besoin de justification, je la trouverois toute entière dans les propres termes de la Lettre que Monsieur à daigné écrire de sa main à M. le comte de Brienne, vers la fin de Mai dernier, que je supplie Monsieur de se rappeler dans ce moment, & dont le sens littéral portoit : *Que si on m'ôtoit mon Régiment, ou si même il étoit destiné dans l'année,* Monsieur *étoit obligé d'avouer, avec douleur, que mon honneur en seroit entaché.*

Pouvoit-il exister pour moi un plus puissant motif de persister jusqu'au dernier soupir dans ma juste réclamation ? L'aveu que MONSIEUR n'a pas hésité de faire devant moi de l'injustice dont j'étois la victime, m'autorisoit, sans doute, à prendre tous les moyens possibles pour éclairer la religion du Roi, surprise par son injuste Ministre.

Quel moment plus favorable pourrois-je saisir pour obtenir le jugement légal que je réclame, que celui où le Roi vient, par un acte solemnel & mémorable, de convoquer les Etats-Généraux de son Royaume, *pour y entendre les souhaits & doléances de ses Peuples, & y réformer & prévenir les abus de tous genres, desirant que chacun de ses fidèles Sujets soit assuré de faire parvenir jusqu'à lui ses vœux & ses réclamations, & promettant d'y pourvoir de telle manière, que son Royaume & tous ses sujets en particulier ressentent, pour toujours, les effets salutaires qu'ils doivent se promettre d'une telle & si notable Assemblée.*

En profitant de la liberté que le Roi accorde à tous ses Sujets, je ne fais que répondre à ses vues de justice & de bienfaisance, sans blesser le profond respect que je lui dois; & en soumettant ma conduite à un Prince qui s'honore également du titre modeste de Citoyen, & de celui de premier Gentilhomme François, j'ose espérer que MONSIEUR daignera protéger, avec la loyauté qui le caractérise, les efforts que je fais pour conserver intact mon honneur, la plus précieuſe des propriétés d'un Gentilhomme ; comme de tout autre Citoyen.

Je ſuis avec reſpect,

MONSEIGNEUR,

DE MONSIEUR,

Le très-humble, &c.

Signé, le Comte DE MORETON-CHABRILLAN.

Aux Aſſemblées d'Élections de Paris.

Les droits de l'Homme vont être enfin diſcutés & ſolemnellement reconnus dans l'Aſſemblée Nationale : mais en vain une nouvelle Conſtitution ſe formeroit ſur les ruines & avec les débris de l'ancienne anarchie ; en vain ſeroit promulguée la charte nationale qui doit conſacrer nos libertés, en poſant les limites immuables qui ſépareront à jamais le Pouvoir légiſlatif, la Puiſſance exécutrice & l'Autorité judiciaire ; tous nos efforts ſeroient inutiles, & l'édifice de la Conſtitution ſeroit tôt ou tard renverſé par le deſpotiſme, s'il n'avoit pour baſes inébranlables l'aſſurance de la liberté individuelle, & le maintien rigoureux de toute eſpèce de propriété.

Il eſt donc indiſpenſable que les mandataires du Gouvernement ſoient étroitement ſoumis à la Loi, & reſponſables de leur conduite à l'Aſſemblée des Repréſentans de la Nation ; il faut que tout Citoyen puiſſe y dénoncer un Miniſtre prévaricateur ; il faut que tout opprimé puiſſe ſans crainte élever la voix, accuser les suppôts de la tyrannie, & obtenir justice; il faut enfin, pour déraciner l'esclavage, que tout Citoyen, dont la cause particulière se trouve liée à la cause publique, & qui, par quelque motif que ce soit, négligera de provoquer le redressement des griefs qu'il auroit éprouvés, soit regardé comme un complice volontaire du despotisme, déclaré infâme, & traître à la Patrie.

Cette obligation de rendre publiques & communes les injustices privées; obligation inséparable d'une bonne organisation politique, devient plus étroite encore pour celui qui en est la victime, lorsque, dévoué au service & à la défense de l'Etat, le même coup qui lui ravit son emploi porte la plus cruelle atteinte à son honneur; à cet honneur qui constitue la vie du Soldat François.

Tel est le cas où se trouve le Comte de Moreton.

Colonel du Régiment de la Fère depuis 1785, il s'en est vu dépouillé le 24 Juin 1788, par une simple lettre ministérielle de M. le Comte de Brienne.

Aussi-tôt le Comte de Moreton a réclamé avec force un Tribunal compétent qui pût prononcer sur sa destitution, l'annuller & lui rendre sa place & l'honneur. Cette réclamation soutenue est demeurée sans effet. Alors le Comte de Moreton a déposé chez un Officier public des protestations motivées.

Depuis, la Province du Dauphiné a inutilement joint ses vœux à ceux du Colonel du Régiment de la Fère, pour lui obtenir un Tribunal.

Après ce déni invincible de justice, garder un lâche silence, c'eût été s'avouer coupable, & souscrire soi-même son déshonneur.

Fort de son innocence, encouragé par le vœu général de tous les vrais Citoyens, heureux dans son infortune, de voir la cause publique intimement liée à sa cause particulière, le Comte de Moreton a dû & n'a pas craint de s'adresser à la Nation assemblée dans ses Bailliages.

Sa demande, juste en elle-même, intéressante pour l'Armée, importante pour la Nation, a été favorablement accueillie dans toutes les Provinces; un grand nombre de Bailliages l'ont consignée dans leurs cahiers en termes énergiques & formels, & ont demandé le rétablissement de l'inamovibilité des Offices militaires, à l'instar des Offices civils & ecclésiastiques; ils ont rappelé à cet égard les anciennes Loix constitutionnelles (1). Enfin plusieurs ont séparément chargé leurs Députés de poursuivre le redressement des griefs & de l'abus d'autorité dénoncés à la Nation assemblée, par le Comte de Moreton, & de solliciter des Etats-Généraux l'érection d'un Tribunal destiné à prononcer légalement sur les destitutions arbitraires précédemment effectuées, ou qui dans la suite pourroient être tentées par le despotisme ministériel.

Aujourd'hui le Comte de Moreton s'adresse avec confiance aux Assemblées d'Élections de Paris. Ses pour-

(1) Édit de Louis XIII, du 21 Septembre 1468. Ordonnances des années 1556, Avril 1573, 1586, 20 Août 1587, 24 Mars 1594, 22 Février 1618, &c.

suites & sa demande n'y seront pas moins favorablement accueillies sans doute, qu'elles ne l'ont été dans la plupart des Bailliages : l'intérêt du Comte de Moreton est aujourd'hui lié à l'intérêt de tous.

Frappés indistinctement des foudres du Pouvoir arbitraire, victimes tour-à-tour de l'ineptie & du despotisme des Ministres, tous les Ordres des Citoyens formoient depuis long-temps le vœu unanime de voir l'organisation & le régime de l'Armée ne plus dépendre uniquement du caprice des Ministres & de la versatilité de leurs principes. L'Armée n'existe que pour la défense de l'Etat; mais l'Etat n'est que l'ensemble politique de la Nation. C'est la Nation qui entretient, qui soudoie, qui recrute l'Armée. Il faut donc, comme l'a dit éloquemment un des plus courageux défenseurs des droits du Peuple (1), « il faut rendre nos » Armées citoyennes, les pénétrer du respect dû aux » Loix, les convaincre qu'autant il est beau de mourir » pour sa Patrie, autant il est cruel & lâche de déchirer son sein, de répandre le sang de ses frères, & de » ruiner la Patrie qui les nourrit. Voilà l'unique moyen » de rendre nos Troupes utiles, sans qu'elles menacent la liberté publique ».

Il faut enfin qu'un serment solemnel attache le Militaire à la Nation, en qui réside essentiellement la Puissance législative, & au Roi, seul dépositaire du Pouvoir exécutif dans toute sa plénitude : sans cela, point

---

(1) Voyez Mémoire sur les États-Généraux, leurs droits & la manière de les convoquer, par *le Comte d'Antraigues*, p. 256.

de Conſtititution durable ; ſans cela, point de liberté politique & individuelle, nulle proſpérité aſſurée, puiſque le deſpotiſme pourroit toujours y attenter impunément par la force militaire.

Mais la conſéquence de ces principes ſeroit-elle de dépouiller le Pouvoir exécutif de l'empire, de l'influence qu'il doit avoir ſur le moyen d'exécution, ſans doute le plus efficace ? ſeroit-elle de dépouiller le Roi de ſon influence légale ſur l'Armée ? Non certes : cette influence doit être abſolue ; c'eſt une vérité conſtante, & il eſt de l'eſſence d'une vérité, de n'en contredire aucune autre ; mais ici, comme dans toutes les autres applications du Pouvoir exécutif, il doit être fixé dans des bornes poſées par la Conſtitution ou par la Légiſlation ; & c'eſt en ſe maintenant dans ces limites tracées, que le Monarque doit être maître de l'Armée, & la diriger ſouverainement, par le moyen de la ſubordination abſolue, vers le but pour lequel l'Armée a été créée par la Nation.

De ces vérités éternelles, qui n'ont été ni aſſez ſenties ni aſſez développées, de ces grands principes, baſes d'une ſolide Conſtitution, dérive un corollaire important : celui de l'inamovibilité des emplois militaires, ſagement tempérée par l'interdiction de l'Officier. L'une, lui ſervant de rempart contre le caprice, la haine & la vengeance des Miniſtres, lui donnera la poſſibilité de remplir, ſans crainte & en toute occurrence, ſes devoirs de Citoyen. L'autre ſuffira au maintien de la diſcipline ; & la ſuſpenſion momentanée réprimera l'inſubordination qui, une fois bien prouvée, ſera ſévèrement punie.

Cette inamovibilité, le véritable *Palladium* de nos antiques & renaissantes libertés, exige l'établissement d'une forme légale de jugement sanctionnée par le Pouvoir législatif, & à laquelle soit soumis tout Militaire ; d'une forme légale, dans laquelle le Pouvoir exécutif se portant accusateur, laisse à l'Accusé tous ses moyens de défense.

Telle est la forme de jugement que réclame le Comte de Moreton. Toute l'Armée la desire & l'appelle. La Capitale y est spécialement intéressée : aussi, le Comte de Moreton espère-t-il que les cahiers de la Ville de Paris vont devenir dépositaires de cette importante demande, & que ses Députés seront très-expressément chargés de solliciter & d'obtenir des Etats-Généraux, comme le plus ferme appui de la Constitution, le serment solemnel de l'Armée de respecter les bases de cette Constitution, & l'établissement d'une forme légale pour les Jugemens militaires.

C'est alors, c'est devant ses Juges naturels que le Comte de Moreton citera ses oppresseurs, revendiquera son état, & offrira sa tête.

Signé, Le Comte DE MORETON-CHABRILLAN.

Nouveau Dépôt des 3 Pièces ci-dessus chez le même Officier public, Acte par lequel M. de Moreton, renouvelle sa protestation.

En joignant au dépôt fait chez M^e. Brazon, Procureur au Parlement de Paris, le 31 Octobre 1788, les pièces suivantes, savoir, 1°. l'original de l'expédition collationnée de la délibération de l'Ordre de la Noblesse de Dauphiné, & de sa lettre au Roi. 2°. un exemplaire de mon Mémoire à la Nation assemblée dans ses Bailliages, avec la copie de la lettre que j'ai eu l'honneur d'écrire à MONSIEUR, en le lui adressant;

Je renouvelle ma protestation contre ma destitution arbitraire, contre toute nomination faite ou à faire à ma charge de Colonel du Régiment de la Fère, dont je suis pourvu en vertu d'un brevet revêtu du Sceau de l'État, & dont je n'ai jamais donné ma démission, aussi-bien que contre toutes les atteintes qu'on pourroit porter à ma liberté & à mon existence civile ou militaire.

Je proteste, en outre, d'avance contre tous les moyens que le despotisme ministériel pourroit employer, soit pour arrêter l'effet de mon Mémoire dans les Bailliages, soit pour m'empêcher de poursuivre ma juste demande au Tribunal de la Nation assemblée, auquel je déclare que, nonobstant tout acte d'autorité arbitraire, je suis irrévocablement décidé à soumettre mes justes réclamations, pour en obtenir le redressement de l'abus dont je suis la victime, & qui intéresse la Nation entière, puisqu'il menace également tous les Ordres de Citoyens. Fait en l'Etude de Me. Brazon, Procureur au Parlement, le 18 Février 1789.

LE COMTE DE MORETON CHABRILLAN.

EXTRAITS de quelques-uns des Cahiers des Bailliages (1) *qui ont rapport à l'affaire dont il s'agit, & qui ont été connus par la voie de l'impreſſion.*

Agenois (Bailliage d').

Q'aucuns Militaires ne pourront, s'ils réclament contre leur deſtitution, être privés de leurs emplois, ſans un jugement militaire, ſuivant la forme qui ſera réglée par la Nation, en exceptant de cette déciſion ceux qui peuvent être employés par commiſſion.

Que les Militaires rentreront dans tous les droits des Citoyens, dont un régime arbitraire les avoit privés, &c.

Nos Députés ſeront chargés de faire mention aux États-Généraux, de la plainte fondée de M. le *Comte de Moreton Chabrillan*, & de demander à la Nation de lui accorder le jugement qu'il réclame d'après le principe conſtant, que tout Militaire & Citoyen ne peut être deſtitué ſans être jugé.

Alençon.

Que tout Citoyen revêtu d'un Office civil & militaire ne puiſſe en être privé arbitrairement; qu'il

---

(1) La réclamation de M. Moreton n'étant pas parvenue, ou étant arrivée trop tard à beaucoup de Bailliages, ils n'ont pu prendre aucune délibération.

ſoit formé un Tribunal ſtable & connu, auquel il appartiendra excluſivement de prononcer ſur les deſtitutions militaires, tant pour l'avenir, que ſur celles qui ſont effectuées, & contre leſquelles il ſeroit réclamé par les perſonnes intéreſſées.

L'Aſſemblée charge ſpécialement ſes Députés de prendre en conſidération, & de faire valoir, en cette occaſion, les demandes & réclamations qui lui ont été préſentées de la part de M. le Comte de *Moreton-Chabrillan*, & par M. *de la Rouſſardière*.

Anjou.

La liberté individuelle étant le premier des biens, comme le plus inviolable des droits, les Lettres-de-Cachet ſeront abolies; enſorte qu'aucun Citoyen ne pourra être privé de ſa liberté, que pour être remis auſſi-tôt dans une priſon légale, entre les mains de ſes juges naturels; & copie de l'ordre de deſtitution ſera délivrée dans les vingt-quatre heures au Citoyen détenu, ſauf aux Etats-Généraux à combiner les moyens propres à prévenir les crimes & l'éclat des déſordres domeſtiques. Enfin il ſera arrêté qu'à l'avenir tout Citoyen revêtu d'un Office civil ou militaire, ne pourra en être privé que par un jugement.

Annonay.

NOBLESSE. L'état & l'honneur d'un Membre du Corps de la Nobleſſe ne devant pas être abandonnés à la volonté arbitraire des Miniſtres, l'Ordre de la Noblesse réclame que, d'après les Ordonnances Militaires des 9 & 23 Octobre 1787, aucun Officier ne puisse être privé de son état, & par-là de son honneur, sans être jugé par un Conseil de Guerre légalement assemblé. Il prescrit, en conséquence, à son Député, de solliciter les Etats-Généraux de réclamer de la justice du Roi qu'il soit accordé à un Compatriote dont le nom nous est cher, M. le *Comte de Moreton, Capitaine des Gardes de* MONSIEUR, un Conseil de Guerre où puisse justifier sa conduite.

COMMUNES. Que nul ne puisse être privé de son état qu'en vertu d'un jugement légalement rendu.

Amiens.

Sa Majesté sera suppliée de faire juger conformément aux Ordonnances, par un Conseil de Guerre, tout Militaire qui sera accusé d'une faute grave, avant qu'il puisse être dépouillé de son emploi.

Arles.

Qu'il est de toute justice qu'un Militaire ne soit plus exposé à perdre son état par le ressentiment de son Supérieur, & les délations de ses ennemis; qu'il ne puisse plus, à l'avenir, être privé de son état par une simple lettre ministérielle, ni par aucun ordre absolu quelconque; mais son procès lui sera fait, & il sera jugé par ses Pairs, aux termes de la Loi.

Auch.

Qu'aucun Officier ne puisse être privé de son état

qu'il n'y ait été condamné par un Conseil de Guerre, dont la forme sera indiquée par les Etats-Généraux, & composé d'Officiers de tout grade & de toute arme.

Armagnac, Lectoure & Isle-Jourdain.

NOBLESSE. Demander que les Officiers ne puissent, à l'avenir, être *dépossédés* de leurs emplois, sans être jugés dans un Conseil de Guerre composé comme il est prescrit par le Code Militaire, & que tous ceux qui réclameront d'être jugés dans des cas antérieurs à cette loi, le seront par un Conseil de Guerre composé dans la même forme.

COMMUNES. Ordonner que tous les emplois civils & militaires seront inamovibles, à moins de forfaiture, & que le procès sera fait à tous ceux qui ont été destitués par des ordres particuliers.

Artois.

Les Etats-Généraux supplieront le Roi d'ordonner que M. le Comte de *Moreton-Chabrillan* soit jugé par un Conseil de Guerre, ainsi qu'il le sollicite, conformément à l'article V titre 9 de l'Ordonnance Militaire du 2 Mars 1776, qui n'a pas été révoquée.

Auxerre.

L'état d'un Officier est pour lui une propriété sacrée, qui doit être sous la sauve-garde de la Loi : nul ne pourra en être destitué que par un Conseil de Guerre, contre les Membres duquel il n'auroit aucun motif de récusation.

Auxois.

NOBLESSE. Déclarer décidément les Miniſtres du Roi, chacun dans leur Département, reſponſables des déprédations & de la violation des Loix, ainſi que de toutes les atteintes portées par le Gouvernement aux droits tant nationaux que particuliers, & que les auteurs de ces infractions ſeront pourſuivis par-devant la Cour des Pairs ou tel Tribunal choiſi par les Etats-Généraux.

COMMUNES. Qu'aucun Citoyen ne puiſſe être privé de ſon emploi ou état, que pour cauſe de forfaiture.

Belfort & Huningue.

Recommandons très-expreſſément à nos Députés qu'ils ayent à ſe réunir aux deux Ordres du Clergé & de la Nobleſſe, à l'effet de ſupplier Sa Majeſté d'accorder la convocation d'un Conſeil de Guerre réclamé par M. *Moreton-Chabrillan*, à l'effet de le déclarer innocent ou coupable des calomnies & des lâches complots dont il dit être la victime.

Berry.

Les Députés engageront les Etats-Généraux à voter pour que des Ordonnances dictées par le même eſprit que les Loix civiles, tendantes à établir la liberté individuelle, aſſurent l'état des Militaires de tout grade, & ne les expoſent plus à des punitions que le caractère français & le préjugé national font regarder comme flétriſſantes.

Blois.

Que perſonne ne puiſſe être privé de ſes emplois civils & militaires, ſans un jugement en bonne forme.

Que la formule du ſerment des Troupes ſoit changée, & qu'elles promettent obéiſſance & fidélité à la Nation & au Roi.

Breſſe.

Sa Majeſté ſera également ſuppliée de ne point permettre qu'aucun citoyen pourvu d'un emploi militaire, puiſſe jamais en être deſtitué autrement que par un jugement légal rendu par un Conſeil de Guerre, conformément aux Ordonnances.

Breſt.

Les propriétés, l'honneur, la liberté & la vie des Citoyens de tous les Ordres & de tous les emplois ne ſeront ſoumis qu'aux déciſions de Tribunaux réglés & inamovibles, dans quelque cas & ſous quelque prétexte que ce ſoit.

Les emplois & grades tant militaires & civils que d'adminiſtration, d'arts libéraux & mécaniques, & autres annexes des ſervices de terre & de mer, ſeront inamovibles.

Bugey.

Que perſonne ne puiſſe être deſtitué de ſon emploi civil ou militaire, que par ſuite d'un jugement légal.

Cambray.

Qu'aucun Officier ne puiſſe être deſtitué de ſon emploi, ou fruſtré de ſon avancement, ſans être jugé par un Conſeil de Guerre.

Château-neuf en Thimerais.

Qu'aucun Militaire ne pourra être deſtitué de ſon emploi qu'après avoir ſubi le jugement qu'il aura le droit de demander & d'obtenir.

Leſdits Députés demanderont que le ſieur Comte de Moreton-Chabrillan, qui a été deſtitué du commandement du Régiment de la Fère par une ſimple Lettre miniſtérielle du ſieur Comte de Brienne, ſoit réintégré dans ſon commandement, & qu'il obtienne de la juſtice du Roi le jugement qu'il ſollicite, & qui déterminera s'il doit ou non conſerver ſon commandement.

Châtelleraut.

Que les Loix qui prononcent l'inamovibilité des offices ou emplois, ſoit civils, ſoit militaires, ſoient inviolablement obſervées, attendu que la Nation ne pourroit accorder de confiance à des Officiers qui ſeroient dans une dépendance ſervile du Miniſtère : en conſéquence, les Députés expoſeront aux Etats la *réclamation de M. le Comte de Moreton-Chabrillan, ancien Colonel du Régiment de la Fère*, ſoit pour la faire adopter, ſoit pour la faire rejeter, en cas qu'elle ne ſoit pas fondée.

Châtillon-ſur-Seine.

Le Député demandera que l'on accorde à M. *le Comte de Moreton, Colonel du Régiment de la Fère*, le jugement qu'il a droit de réclamer.

Charolles.

Que la liberté individuelle des Citoyens ſoit à jamais aſſurée; que tout pouvoir arbitraire ſoit anéanti; que nul individu qui poſſède un emploi militaire ou civil, ne puiſſe déſormais être arrêté, dépouillé de ſon état, de ſa propriété, à plus forte raiſon de ſon honneur, que conformément à la Loi, & en vertu d'un jugement authentique rendu par des Juges établis & reconnus par la Nation, ſans que jamais les cauſes puiſſent être évoquées; & que ceux qui ont été antérieurement victimes du pouvoir arbitraire, puiſſent réclamer pour eux l'application de cette Loi.

Chartres.

Lecture faite de la Requête préſentée par M. *le Comte de Moreton*, la Nobleſſe a cru devoir l'agréer, & charge ſon Député de demander le jugement légal par lui requis.

Clermont en Auvergne.

Que les Officiers ne puiſſent plus être deſtitués ſans avoir été jugés par un Conſeil de Guerre, compoſé pour moitié d'Officiers du même grade que l'Accuſé, leſquels devront avoir 25 ans.

Colmar & Schelestat.

Ils demanderont que les Etats-Généraux confirment d'une manière positive, qu'aucun Officier ne pourra être cassé ni perdre son emploi d'une manière qui puisse intéresser son honneur, sans avoir été jugé dans un Conseil de Guerre, conformément à l'article 3 du titre 2 de l'Ordonnance, portant règlement sur la hiérarchie, du 17 Mars 1788.

Dax, Saint-Sever & Bayonne.

Que la liberté individuelle de tous les Citoyens soit mise sous la sauve-garde de la Loi, &c.

Qu'il soit statué que nul ne puisse être jugé en matière civile & criminelle, que par les Juges que la Loi lui a donnés.

Dijon.

Le droit de tout Citoyen de ne pouvoir être jugé que par les Tribunaux reconnus par la Nation, suivant les formes par elle reçues, ou à établir.

Dôle.

Le Député demandera qu'il soit dit dans la Constitution Militaire, que les Officiers de l'Armée jouiront, comme les autres Citoyens, du droit de ne pouvoir être privés de leur emploi arbitrairement & sans jugement.

Dourdan.

Qu'aucun Citoyen ne puisse être privé de son rang, de son emploi, de sa charge, que d'après un jugement légal.

Landes. (Pays des)

Il ſera demandé pour tous ceux qui auroient été léſés par quelqu'acte d'autorité depuis le premier Mai 1788,

Que tout Citoyen ne puiſſe dans aucun cas être jugé que par ſes Juges naturels.

Lille.

Avoir égard aux motifs qui donnent lieu au mécontentement qui paroît exiſter dans l'état militaire, par les inconvéniens & par les inquiétudes qu'ils occaſionnnent.

Limoux.

Que nul Officier ne puiſſe être deſtitué de ſon emploi, que par Arrêt d'un Conſeil de Guerre, de manière que la liberté, l'état & l'honneur du Citoyen qui ſe dévoue au ſervice de ſa Patrie, ne dépendent que des Loix, & non du caprice d'un ſeul homme.

Le Puy en Velay.

Qu'à l'avenir tout Citoyen revêtu d'un emploi civil ou militaire, ne puiſſe en être privé que par un jugement légal; qu'il ſoit formé, par les Etats-Généraux, un Tribunal chargé de prononcer ſur toutes les deſtitutions, & ſur celles qui auroient pu être illégalement prononcées, telles que celle de M. le Comte d'Apchier notre Compatriote, & autres.

Mâcon.

Que les Etats-Généraux aſſurent enfin l'invariabilité dans toutes les branches de la compoſition & de la

Conſtitution Militaire, qui doit être combinée ſur l'eſprit de la Nation, & les principes de notre Gouvernement; & par l'aſſurance de ne pas être ſoumis à l'arbitraire d'un Miniſtre; tout Militaire ne pouvant être dépoſſédé de ſon emploi que par ſa démiſſion, ou le jugement de ſes Pairs.

Maine.

Les Députés demanderont que les Officiers de l'Armée ſoient admis à jouir du même droit réclamé par les autres Citoyens, celui de ne pouvoir être privés de leurs emplois ſans un jugement émané d'un Tribunal Militaire, & qu'il ſoit pourvu à la réforme des abus contenus dans les nouvelles Ordonnances Militaires.

Marſeille.

Demander que nul Militaire ne puiſſe être privé de ſon emploi que par un jugement rendu par ſes Pairs ſur une procédure en forme.

Melun.

Le Député ajoutera à la doléance de la Nobleſſe conſacrée au ſervice militaire, de demander :

1°. Que les Officiers de l'Armée ſoient admis à jouir du droit réclamé pour les autres Citoyens, de ne pouvoir être privés de leurs emplois ſans un jugement;

2°. Qu'ils ne ſoient pas livrés à une forme de jugement, qui eſt telle, que les Officiers mis au Conſeil de Guerre, n'ont pas la permiſſion de récuser aucuns Juges, & qu'il n'existe aucun Tribunal Militaire permanent, auquel ils puissent appeler des Sentences prononcées contre eux, dans le cas même où les formes judiciaires auroient été violées pendant la procédure, tandis que des Ministres se sont permis d'aggraver à leur volonté ces Sentences mêmes.

Mende.

Supplier le Roi de faire suivre exactement l'article de son Ordonnance, qui prescrit que nul Officier ne puisse être destitué de son emploi sans avoir été jugé par un Conseil de Guerre composé de Membres non-permanens.

Meaux. (1)

Le Député demandera que nul Citoyen servant dans les Armées de terre ou de mer, ne puisse être

---

(1) *DISCOURS de M. de Clermont-Tonnerre à l'Assemblée Electorale des trois Ordres du Bailliage de Meaux.*

Vous venez d'entendre, Messieurs, l'exposition éloquente & rapide des vérités dont le développement & l'application doivent nous fournir l'objet du travail le plus important. C'est en consacrant ces principes par le concours unanime des trois Ordres de ce Bailliage, que nous nous montrerons vraiment dignes de la confiance de la Province que nous représentons ici. Tous les intérêts particuliers doivent disparoître devant l'intérêt national : le redressement de tous les abus, de toutes les vexations particulières, naîtra naturellement de l'adoption des principes qui viennent destitué irrévocablement de son emploi, qu'après un jugement préalable, & suivant les Ordonnances ren-

---

de vous être présentés. Qu'il me seroit doux de m'abandonner sans réserve à cette flatteuse espérance, & de n'élever la voix dans cette auguste Assemblée, que pour y payer un juste tribut de reconnoissance au Magistrat citoyen, qui vient, si je puis parler ainsi, d'élever si noblement au millieu de nous l'étendart national de la Constitution Françoise. Un devoir impérieux me force, Messieurs, de fixer vos regards sur des objets affligeans: c'est la réparation d'une injustice que je viens poursuivre dans l'Assemblée de ce Bailliage; c'est au redressement d'un grief que je viens supplier les trois Ordres de vouloir bien concourir.

Le Comte de Moreton-Chabrillan, Colonel du Régiment de la Fère, Infanterie, a été arbitrairement destitué du commandement de son Régiment, le 24 Juin 1788, par une lettre ministérielle de M. le Comte de Brienne: en vain il a demandé des Juges: en vain il a supplié qu'un Tribunal fût chargé de le condamner ou de l'absoudre: en vain la Province du Dauphiné a joint sa réclamation aux plaintes du Comte de Moreton. Privé de tout autre recours, privé de la protection que les Loix doivent à tout Citoyen qu'un jugement n'a point flétri, c'est à la Nation assemblée dans ses Bailliages, que le Colonel du Régiment de la Fère redemande aujourd'hui son état, ou l'érection d'un Tribunal qui puisse le lui enlever légalement.

C'est cette juste réclamation que, comme Soldat & comme Citoyen, je viens vous présenter aujourd'hui.... Mais à quel titre M. de Moreton invoque-t-il la protection d'un Bailliage auquel il est étranger? A quel titre une affaire purement personnelle est-elle placée sous nos yeux? A cette objection, Messieurs, je répondrois par cette belle maxime de Solon: » L'Etat est bien dues ſur cette matière ; (le même article eſt littéralement dans le cahier du Tiers-Etat).

» conſtitué, diſoit ce Légiſlateur, lorſque chaque Citoyen reſſent » l'injuſtice faite à un autre comme s'il en étoit perſonnellement » la victime ». Nous aſpirons, Meſſieurs, à une bonne Conſtitution : pénétrons-nous d'avance des ſentimens de vertu qui peuvent & la faire naître & la ſoutenir.

Mais la cauſe du Comte de Moreton eſt bien loin d'être une affaire perſonnelle; les plus puiſſantes conſidérations l'attachent à l'intérêt de tous : & ici, Meſſieurs, je vous ſupplie de m'écouter attentivement. C'eſt ſur le ſort de l'Armée Françoiſe, c'eſt en même tems ſur le ſort de la Nation que vous avez à prononcer. Sommes-nous les Défenſeurs de la Patrie ? Ses loix, en abandonnant à la diſcipline militaire les détails de notre régime, doivent au moins protéger notre état : les Loix nous refuſent-elles protection ? nous leur devenons étrangers : il n'y a point de terme moyen entre les deux alternatives : il faut que le Soldat ſoit Citoyen, ou que le Citoyen craigne avec raiſon le Soldat. Le Prêtre ne peut être arraché de l'autel qu'en vertu d'un jugement légal : le Magiſtrat eſt inamovible ſur le tribunal où l'a placé le Roi : le Soldat ſeul, jouet de toutes les variations miniſtérielles, ſemble n'avoir point un état ſanctionné par les Loix; aucun tribunal n'enregiſtre des ordonnances verſatiles ; aucun jugement légal ne précède les deſtitutions arbitraires : un tel abus ne peut ſubſiſter plus long-temps ſans que la choſe publique ſoit expoſée. Dans le chaos d'inconſéquences qui formoient ce que nous avons ſi long temps appelé notre conſtitution politique, des hommes inattentifs ont pu ſe contenter de cette exiſtence précaire ; mais aujourd'hui que la totalité du Royaume va s'organiſer avec juſtice & régularité, la raiſon & l'honneur preſcrivent

Montfort l'Amaury & Dreux.

Les Députés proposeront de déclarer qu'il ne peut y avoir de déni de justice dans aucun cas, ni pour personne.

à tout Militaire de revendiquer un état : il doit se mettre sous la protection des Loix, au maintien desquelles sa force doit être employée : il doit participer aux avantages dont jouissent les Citoyens, à la défense desquels il a consacré sa vie.

Mais si l'Armée entière est intéressée à ce que l'état d'un militaire soit inattaquable, la Nation elle-même n'a pas un moindre intérêt à s'attacher l'Armée entière par des liens indissolubles : à Dieu ne plaise que je reporte vos regards sur des jours désastreux, dont le souvenir doit vous rappeler à jamais l'heureuse régénération qui les suit ! Mais enfin l'Armée est la force exécutrice : l'homme sans état est aussi sans justice ; l'opprimé devient facilement un instrument d'oppression : la distribution des grâces n'est-elle pas dans la main des Ministres prévaricateurs ou trompés, un moyen suffisant de pervertir les hommes, sans placer dans les mêmes mains le moyen terrible de les effrayer par la perte de leur honneur ou de leur état, sans leur livrer la force publique, sans l'attacher à leur char par les deux liens indissolubles de l'espérance & de la crainte ?

Telles sont, Messieurs, les observations que j'avois à vous présenter : c'est en conséquence des principes que je viens d'établir, que je supplie les trois Ordres de permettre que je place sur le bureau l'énoncé d'un article à insérer dans leur cahier, & sur lequel je les supplie de vouloir bien délibérer.

Le mémoire que je fais placer sous leurs yeux développera d'une

Nemours.

Qu'il ne puiſſe y avoir de déni de juſtice dans aucun cas, ni pour perſonne.

Orléans.

Qu'un Officier de terre ou de mer ne puiſſe être deſtitué, ſans un jugement légal.

Paris hors les murs (Vicomté de).

Le vœu de la Nobleſſe eſt qu'il ſoit pris aux Etats-Généraux des précautions légales, pour préſerver des entrepriſes du Pouvoir arbitraire l'honneur & l'état des Officiers militaires, & pour concilier à l'égard de l'Armée les devoirs de Citoyen & de Soldat.

Que tout Citoyen, privé arbitrairement de ſon emploi, & notamment M. *le Comte de Moreton-Chabrillan*, ſoit admis à demander des Juges compétens.

Paris (Aſſemblée de la Nobleſſe de la Ville de).

Les Députés de la Nobleſſe aux Etats-Généraux s'occuperont des Officiers militaires, pour préſerver

---

manière plus ſenſible, les vérités que le temps & mon inſuffiſance ne m'ont pas permis de vous préſenter dans tout leur jour.

ARTICLE PROPOSÉ.

Arrêté qu'à l'avenir tout Citoyen revêtu d'un office civil ou militaire ne pourra en être privé que par jugement; qu'il ſera formé leur honneur & leur état, des entreprifes du Pouvoir arbitraire.

Paris (Aſſemblée réunie au Luxembourg).

On a joint à ces inſtructions pluſieurs cahiers particuliers remis par MM. &c, ... ainſi que la lettre de *M. le Comte de Moreton-Chabrillan*; & les Electeurs ont été chargés d'en faire uſage à l'Aſſemblée-générale.

Paris (Aſſemblée du cinquième Département).

De ſolliciter l'intérêt des Etats-Généraux pour MM. *le Comte de Moreton-Chabrillan*, *& Chevalier de la Deveze*; & les engager à demander que leur réclamation miſe ſous les yeux de l'Aſſemblée, ſoit portée à un Tribunal légal, & qu'en général le Conſeil de Guerre ne pourra être refuſé à tout Officier deſtitué, qui le demandera.

Paris (Aſſemblée du quatorzième Département).

Que Sa Majeſté ſoit auſſi ſuppliée de ne priver de leur état les Officiers de ſes Troupes, que par le Jugement d'un Conſeil de Guerre, & de permettre à ceux qui ont été privés de leur emploi par ordre du Miniſtère, de ſe repréſenter, s'ils le jugent à propos, devant un Tribunal de Réviſion[1], que Sa

---

par les Etats-Généraux un Tribunal chargé de prononcer ſur toutes les deſtitutions à l'avenir, & ſur toutes celles qui auroient pu être précédemment prononcées illégalement.

Majesté sera suppliée de leur accorder, notamment à M. *le Comte de Moreton-Chabrillan.*

Paris (Assemblée du dix-neuvieme Département).

La soumission de tous Citoyens aux Loix, & la responsabilité de toute infraction de la part de tous dépositaires de l'autorité.

Paris (Assemblée du vingtième Département).

Que nul Citoyen, de quelqu'Ordre qu'il soit, ne puisse être dépouillé de son état sans un Jugement légal.

Paris (Assemblées réunies aux Pères de l'Oratoire).

De réclamer fortement l'inamovibilité des offices, tant civils que militaires.

Et l'Assemblée, prenant en considération la réclamation de M. *le Comte de Moreton-Chabrillan*, a arrêté, à la pluralité, de charger MM. les Représentans de la faire insérer dans les cahiers à former, & de renvoyer mondit sieur *Comte de Moreton-Chabrillan*, pour les conséquences qu'il en tire, à l'article XII étant ensuite de sa première protestation.

Paris (Assemblée du premier Département).

Il a été arrêté que MM. les Députés de la Noblesse seront chargés de s'occuper aux Etats-Généraux, des moyens de faire obtenir à M. *le Comte de Moreton-Chabrillan*, le Jugement qu'il sollicite, &

qu'expédition du présent Arrêté lui seroit remise, s'il le desiroit.

Paris (Assemblée des Citoyens-nobles de la Ville de).

Que le Etats-Généraux délibèrent sur les moyens de concilier les devoirs du service militaire avec les devoirs de Citoyen, & la nécessité de la subordination avec les droits de la liberté.

Que l'honneur & l'état des Militaires soient à l'abri des atteintes arbitraires ;

Que M. *le Comte de Moreton-Chabrillan* obtienne un Jugement qu'il réclame depuis si long-temps.

Poitou.

Demander que l'inamovibilité des Officiers soit reconnue ;

Engager les Etats-Généraux à supplier le Roi d'ordonner que jamais un Officier ne soit destitué de son emploi, sans avoir été jugé par un Conseil de Guerre.

Quesnoy.

Que l'usage despotique des Lettres-de-Cachet & de tous autres actes arbitraires, soit tout-à-fait prohibé.

Riom.

La profession la plus ordinaire de la Noblesse étant celle des armes, ses Députés seront expressément chargés de demander que tout Officier soumis à la discipline militaire, & pouvant être suspendu dans ſes fonctions, ne puiſſe être deſtitué de ſa charge ou emploi militaire par la volonté arbitraire ; & que dans aucun cas, il ne lui ſoit refuſé le Jugement du Conſeil de Guerre.

Saumur.

Le Citoyen qui ſert l'Etat dans les armées, ne pourra être deſtitué de ſon emploi ſur aucuns ordres arbitraires, Lettres miniſtérielles ou autrement.

Sedan.

Aucun Officier, quel que ſoit ſon grade, ne pourra être privé de ſon emploi ſans un jugement préalable; à cet effet il ſera établi un Tribunal militaire, où ſera porté l'appel ou réviſion du Jugement prononcé par le Conſeil de Guerre.

S. Flour. (haute- Auvergne).

Qu'aucun Officier ne pourra être privé de ſon emploi, ſans, au préalable, avoir été jugé par le Conſeil de Guerre, dont les deux tiers ſeront compoſés de ſes Pairs ayant au moins rang de Capitaine, & préſidé par un Officier-Général qui ne ſera point de la diviſion ; & cet article aura un effet rétroactif.

Touraine.

Tout Citoyen qui auroit été, ou qui ſera revêtu d'un office civil, militaire ou eccléſiaſtique, n'a pu ou ne pourra en être deſtitué & privé que par un jugement légal qui ſera prononcé par le Tribunal auquel les Etats Généraux, de concert avec le Roi, jugeront à propos de donner l'exécution de cette partie des loix.

Troyes.

Que les Officiers de l'Armée soient admis à jouir du droit réclamé par tous les Citoyens, celui de ne pouvoir être privés de leur emploi sans un jugement légal.

Vendôme.

Sa Majesté est suppliée de se renfermer dans les termes exprès de l'Edit de Louis IX du 21 Septembre 1458, & des Ordonnances des règnes suivans, année 1556, du mois d'Août 1573, 1586, 20 Août 1587, 24 Mars 1595, 22 Février 1618, à l'effet qu'aucun Citoyen revêtu d'un office civil ou militaire n'en puisse être privé que par jugement préalable, & qu'il soit fait droit sur les réclamations des infortunés qui ont réclamé, réclament ou réclameront à l'avenir contre les destitutions injustes & despotiques.

Vermandois.

Que tous les Militaires du Royaume puissent se constituer un Conseil de Guerre choisi par eux-mêmes, pour recevoir leurs plaintes, & les porter directement aux pieds de Sa Majesté, sans dépendre absolument du Ministre.

Que tout Officier, de quelque grade qu'il soit, ait la liberté de s'adresser à ce Conseil de Guerre, sans aucune intervention ; que ce Conseil soit composé par le concours unanime des voix de tout le Corps militaire, & que pour parvenir à ſa formation, tous les Officiers du Royaume, & dans chaque Régiment, ceux au-deſſus du centre, puiſſent donner leur voix, & choiſir même parmi les Officiers-Généraux, ceux qu'ils croiront dignes de leur confiance; que cette nomination ſoit ſanctionnée par tous les Régimens, & communiquée à tous les Militaires François.

Villeneuve de Berg.

Arrêté qu'à l'avenir tout Citoyen revêtu d'un emploi militaire, ne pourra en être privé que par un jugement, & il ſera formé par les Etats-Généraux un Conſeil de guerre chargé de ſtatuer ſur les deſtitutions à venir, & ſur toutes celles qui auroient pu être prononcées depuis la dernière Ordonnance. Les Députés ſeront ſpécialement chargés de requérir le jugement de M. le *Comte de Moreton*, & celui de *Joſeph Ricard-Dubreuil-Hélion*, Capitaine au Régiment d'Orléans Infanterie, nos Compatriotes.

Nota. Tous les originaux des Pièces rapportées ſont entre les mains de M. Moreton, à l'exception de celles compriſes dans les dépôts faits par lui chez feu Me Brazon, Procureur au Parlement; leſquels dépôts ont été tranſportés chez Me Lacour, Notaire, rue neuve Saint-Euſtache.

www.ingramcontent.com/pod-product-compliance
Lightning Source LLC
LaVergne TN
LVHW020406230826
846091LV00004B/1174